인간 관찰

인간 관찰
人間 觀察

구라하시 마야코 지음

황세정 옮김

쌤앤파커스

왜 인간관계에
'관찰'이 필요할까?

"다른 사람을 관찰하는 게 제 취미입니다!"

이렇게 말하면 대체로 "아… 그러시군요.", "하하…."라는 식으로 어색하게 대화가 마무리됩니다. 물론 그다지 남들에게 인정받을 만한 취미가 아니긴 합니다. 하지만 다른 사람을 관찰하는 일은 알고 보면 참 대단합니다.

'제 취미는 다른 사람을 구경하는 거예요'라고 말하는 수준이 아니라, "저는 몇 가지만 살펴보면 어떤 사람인지 파악하는 능력이 있습니다."라고 말하면 이야기가 달라집니다.

저는 지난 수십 년 동안 다른 사람들을 관찰해 왔습니다. 사람의 심리나 행동을 다양한 방식으로 꾸준히 관찰했기 때문에 이제는 빠르면 몇 초 만에, 늦어도 대화를 몇 마디 나누어 보면 상대방의 경향을 대강 파악할 수 있는 경지에 이르렀습니다. 그래서

'인간의 심리와 행동'을 주제로 강좌를 개설하기도 하고, 기업과 학교 등에서 강연과 세미나도 열고 있습니다. 또 체형과 행동의 교정을 통해 성격을 바로잡는 일 같은 것도 하고 있지만, 이런저런 활동들 모두 인간 관찰의 연장선에 있다고 생각합니다.

인간 관찰만큼 우리와 밀접하면서도 심오하고 즐거운 것이 또 없습니다. 일반적으로 다른 사람을 관찰한다고 하면 거리를 지나는 사람을 구경하거나, 카페 같은 곳에서 옆 테이블에 앉은 사람이 하는 말에 귀를 쫑긋 세우고 뭔가 흥미로운 일(이상한 사람이나 가십 등도 포함해서)이 없나 관심을 보이는 그런 이미지를 떠올리시겠지요. 하지만 이 책에서 소개할 인간 관찰은 그런 것이 아닙니다. 다른 사람에게서 흥미로운 점을 찾는 데에 그치지 않고 한발 더 나아가 '그렇다면 저 사람이 저렇게 행동하는 이유가 뭘까?' 같은 식으로 그 사람의 심층적인 심리까지 파악할 수 있게 만들어 주는 방법입니다.

상대방의 생년월일이나 혈액형을 알아야 할 이유도 없고, 특별한 도구나 지식도 필요하지 않습니다. 예를 들자면 복장, 착용하고 있는 액세서리, 자세, 동작, 목소리의 크기, 화제, 말투 등 몇 가지 포인트를 살펴보는 것만으로 그 사람이 어떤 사람이며, 무엇을 중요하게 생각하고, 무엇을 싫어하는지 짧은 순간에 파악할 수 있습니다.

게다가 관찰하고 싶은 상대를 뚫어지게 쳐다볼 필요도 없습니

보통 이런 장면을 떠올릴 것입니다

다. 상대방과 편하게 대화를 나누다 보면 설령 오늘 처음 본 사람일지라도 몇 분 만에 그 사람의 성향을 알 수 있습니다. 이밖에도 상대방이 선택하는 좌석의 위치나 메모하는 내용과 방법 등을 통해서 다양한 특징을 알아차릴 수도 있습니다.

이렇게 말하면 뭔가 특수한 능력처럼 들리겠지만, 그렇지 않습니다. 이 방법은 심리학과 성격 분석 이론에 기초하고 있기에 정확성과 유효성도 뛰어납니다. 즉, 구체적이면서도 매우 간단합니다. 누구나 몇 번 따라 해 보면 금세 핵심을 파악할 수 있는 '한 단계 높은 수준의 인간 관찰 방법'을 전하고 있는 것이 바로 이 책입니다.

타인을 관찰하고 분석할 수 있게 되면 인간관계에 대한 고민을 해결할 수 있습니다. '다른 사람을 관찰한다고 어떻게 고민이 사라져?' 이런 의문이 드시겠지만, 이유는 참 많습니다. 예를 들면 이런 것입니다.

- 다른 사람의 성격을 잘 알 수 있게 된다
- 다른 사람(가족이나 직장 동료 등도 포함)의 말이나 행동에 쓸데없이 짜증을 내지 않게 된다
- 새로운 곳에서도 인간관계를 잘 형성할 수 있게 된다
- 전반적인 인간관계가 원활해진다
- 자신의 성격이나 감정을 다루는 방법을 알게 된다
- 자신이 받고 있는 스트레스 강도를 알게 된다
- 자신을 잘 이해하게 되어 다른 사람에게 의지하는 일이 줄어든다
- 무슨 일이든 너무 심각하게 받아들이지 않고 담대하게 행동할 수 있게 된다
- '이 방법밖에 없어!'라고 생각하지 않고 좀 더 다양한 선택지 가운데 원하는 것을 스스로 고를 수 있게 된다

이밖에도 일일이 열거할 수 없을 만큼 많은 이유가 있습니다. 가족 간의 갈등이나 직장에서 느끼는 불안감이 점차 사라져 평안한 나날을 보낼 수 있게 되고, 그 결과 업무 성과가 좋아져 그만큼 수입이 늘어날 수도 있습니다. 게다가 좋은 배우자를 만나고 싶어 하시는 분들에게 도움이 될 만한 내용도 있습니다. 그저 다른 사람을 관찰하는 것뿐이지만… 깊이 파고들면 엄청난 기술이 됩니다.

이러한 내용을 담은 이 책은 총 6장으로 구성되어 있습니다. 1장에서는 먼저 인간 관찰의 개요와 인간 관찰을 한 단계 더 높은 수준까지 끌어올렸을 때 발생하는 '장점'에 대해 좀 더 자세히 설명합니다. 이어지는 2장에서는 구체적인 인간 관찰 방법을 소개합니다. 3~5장에서는 이러한 방법을 바탕으로 구체적인 사례를 통해 다른 사람을 관찰하거나 구분하는 방법 등을 좀 더 자세히 배웁니다. 그리고 마지막 에필로그에는 성격 유형 자가 진단 코너가 마련되어 있습니다.

이 책을 읽고 나면 다른 사람을 잘 파악할 수 있게 될 뿐만 아니라, 다른 사람을 통해 자신의 내면을 더 잘 들여다볼 수 있게 되고, 자신의 장점을 파악해 이를 일상생활에 활용하는 것이 가능해집니다.

하루하루를 너무 바쁘게 살다 보면 스트레스가 쌓이고 갖가지 불안한 일들이 생겨나기 마련입니다. 그런 와중에도 다른 사람뿐만 아니라 자기 자신과도 잘 어울려 지내며 자기가 진정으로 원하는 인생을 사는 데에 이 책이 도움이 되길 바랍니다.

부디 끝까지 함께 해 주세요!

구라하시 마야코

1장 │ 인간관계의 해답은 '관찰'에 있다

2장 | 옷차림부터 말버릇까지, 사람의 성격을 파악하는 열두 가지 포인트

5장 | 성격 그룹별 최적의 인간관계 솔루션!

1장

인간관계의 해답은
'관찰'에 있다

상대의 성격이
한눈에 보인다

자, 이제 인간 관찰을 한 단계 더 높은 수준까지 끌어
올리면 무엇이 달라지는지 알아봅시다.

인간 관찰이라고 하면 일반적으로 '저 사람은 저런 점이 별로
더라…'라는 식으로 상대방의 단점을 찾거나, 평범한 일상에서
별난 사람을 발견하는 모습을 떠올리기 쉽습니다. 물론 이런 것
도 인간 관찰이 지닌 한 측면이지만, 여기서 그치지 않고 상대방
을 좀 더 깊이 관찰하다 보면 실생활에 매우 긍정적인 영향이 나
타나게 됩니다.

예를 들어 볼까요? 배우자가 "기껏 내가 ○○해 줬더니만…"이
라는 말을 자주 하는데, 그 말을 들을 때마다 짜증이 난다고 저를
찾아오신 내담자가 있었습니다. 배우자가 그렇게 말하면 당연히
'뭘 했다고 자꾸 저렇게 생색을 내는 거야!', '그럼 나는 뭐 가만히

앉아서 쉬는 줄 알아?'라는 생각이 들 수 있습니다. 하지만 이런 일이 생겼을 때 그저 짜증을 내기만 하고 끝나서는 안 됩니다. 상대방을 관찰하면서 그 사람의 좀 더 본질적인 부분을 파악해 봐야 합니다.

'대체 왜 저런 말을 하는 거지?' 하고 좀 더 깊이 생각해 보세요.

"○○해 줬더니만….''이라는 말에는 '자신이 상대방에게 무언가를 해 주었다는 것을 인정받고 싶어 하는 마음'이 숨어 있습니다. 좀 더 자세히 말하면 이러한 욕구는 '남들에게 인정받지 못한다는 불안감'이나 '남들에게 사랑받고 싶어 하는 욕구'에서 비롯되며, 이러한 욕구가 충족되지 않으면 그로 인한 스트레스가 도발적인 말투로 표출되는 것입니다. 상대방을 잘 관찰하다 보면 이런 점을 조금씩 알게 됩니다(자세한 분석 방법은 2장 이후에 다루겠습니다).

이런 본질적인 부분을 파악하게 되면 배우자가 그런 말을 하더라도 감정적으로 대응하지 않고, 잠시 숨을 고른 다음 '두 사람 모두에게 가장 바람직한 행동'을 선택할 수 있게 됩니다. 이 내담자 같은 경우에는 배우자를 좀 더 의지하고, 배우자가 자신에게 해 준 일과 노력한 시간에 대해 "고마워."라는 말로 고마운 마음을 표현하는 것이 좋습니다. 실제로 이렇게 고마움을 표시한 것만으로도 부부 관계가 개선된 사례가 수없이 많습니다.

이것이 인간 관찰의 첫 번째 효과로, 다른 사람의 '성격'을 좀 더 깊이 파악할 수 있게 됩니다.

성격은 고칠 수 없다고들 하지만, 기억해야 하는 점이 하나 있습니다. 사람은 누구나 좋은 면과 나쁜 면을 모두 가지고 있다는 것입니다. 컨디션이 좋을 때는 장점으로 보였던 것이 스트레스를 받는 상황에서는 단점으로 부각되기 쉽습니다. 즉, 나쁜 면이 강하게 드러난다는 것은 현재 그 사람에게 뭔가 결핍된 부분이 있다는 증거입니다. 반대로 심신이 충만한 상태에서는 그 사람의 좋은 면이 더 강하게 드러납니다. 예를 들면 이렇습니다.

온화하고 상냥하다 ↔ 멍할 때가 많고 결단력이 부족하다
순진하고 귀엽다 ↔ 철이 없다
나를 잘 이끌어 준다 ↔ 뭐든지 제멋대로 하려고 한다
친구들과 보내는 시간을 중요하게 여긴다 ↔ 가정에 소홀하다
잘 논다 ↔ 집에 들어올 생각을 하지 않는다
무슨 일이든 다 허락해 준다 ↔ 내게 관심이 없다

화살표가 양방향인 이유는 사람은 누구나 양쪽을 오갈 수 있기 때문입니다. 그리고 심리적 결핍은 사실 자신의 매우 사소한 행동이나 가까운 사람의 말과 행동에 좌우되는 측면이 큽니다. 즉, 아무리 내가 싫어하는 사람이라고 해도 그 사람이 평생 자신의 나쁜 면만 드러내지는 않으며, 주변 사람들이 접근 방식을 바꾸면 그 사람의 좋은 면이 두드러질 수도 있다는 뜻입니다.

물론 이는 타인에게만 해당하는 이야기가 아닙니다. 자기 자신에게도 당연히 좋은 면과 나쁜 면이 있고, 상황에 따라 때로는 좋은 면이, 때로는 나쁜 면이 드러날 수 있습니다. 또 똑같은 상황에 직면해도 자신의 상태에 따라 이를 받아들이는 방법이 달라질 수 있습니다.

인간 관찰 방법을 이용해 상대방을 살피다 보면 그 사람의 성격을 객관적으로 파악할 수 있습니다. 또한 자신이 어떤 식으로 행동해야 상대방의 좋은 면이 드러날지, 자신은 지금 어떤 상태인지 등을 쉽게 알 수 있게 됩니다.

쓸데없이
짜증을 부리지 않게 된다

인간 관찰의 수준을 높이면 뭐가 달라질까요? 두 번째 변화는 바로 짜증을 내는 일이 줄어든다는 것입니다. 지금까지는 '대체 왜 저러는 거야? 저게 말이 돼?'라는 식으로 화가 치밀어 올랐던 일도 '어머! 저런 귀여운 짓도 하네…'라는 식으로 부처와 같은 온화한 표정으로 '넘길 수' 있게 됩니다. 어떻게 이런 일이 가능할까요? 바로 인간의 행동 원리를 잘 이해하고 있기 때문입니다.

우리는 저마다 '자신만의 중요한 기준'을 가지고 있습니다. 그리고 이 기준 및 행동 원리에 따라 다양한 행동을 합니다.

예를 들어 '무슨 일이든 미루고 미루다 막판에 허겁지겁하는 사람', '집 안에서 텔레비전 리모컨이나 휴대전화를 자주 잃어버리는 사람', '일은 하지 않으면서 성과만 가로채 가는 사람', '자신이 한 말을 금세 뒤집는 사람' 등 세상에는 다양한 행동 양식과 습관이 있습니다. 이러한 습관이 자신과 비슷하면 그 사람을 이해하지만, 자신의 행동과 다르면 어째서 저런 행동을 하는지 도무지 이해하지 못합니다.

이처럼 '이해하지 못하는 마음'이 쌓이다 보면 '내 자식이지만 도무지 이해할 수가 없어!', '우리 남편은 아무리 말해도 똑같은 행동을 한다니까!', '말도 안 되는 소리를 하는 상사 때문에 짜증나!' 같은 식으로 스트레스를 받게 됩니다.

제 강좌의 수강생분들 중에도 "오늘도 아침부터 소리를 지르고 나왔어요."라고 말씀하시는 분들이 많습니다. 저는 그때마다 이러한 행동 원리에 관해 이야기합니다. 일례로 어느 수업에서 수강생들에게 "자유란 무엇일까요?"라고 물은 적이 있습니다.

여러분에게 자유란 무엇인가요? 수강생들에게서는 다음과 같은 다양한 답변이 나왔습니다.

- 질서 안에서 자신이 원하는 대로 할 수 있는 것
- 사랑하는 사람 곁에 있을 수 있는 것
- 금전적 제약 없이 해 보고 싶은 일을 할 수 있는 것
- 얽매이지 않는 것
- 다른 사람의 기대에 짓눌리지 않는 것
- 다른 사람의 시선을 신경 쓰지 않는 것

- 선택지가 있는 것
- 적이 없는 것
- 자신의 페이스를 유지할 수 있는 것

이처럼 사람마다 '자유'에 대한 정의가 다를 수 있습니다. 물론 '행복'이나 '미움'에 대한 정의도 저마다 다를 수 있습니다. 흥미로운 점은 같은 가족 내에서도 전혀 다른 답변이 나온다는 것입니다. 이러한 차이는 '그 사람이 원래 지니고 있던 행동 원리의 차이'에서 옵니다.

행동 원리는 컴퓨터에 빗대 설명하자면 일종의 '운영 체제Operating System, OS'에 해당합니다. 운영 체제가 깔려 있지 않은 프리도스 제품이 아닌 이상 컴퓨터에는 맥mac OS나 윈도우, 스마트폰에는 'iOS'나 '안드로이드' 같은 운영 체제가 기본적으로 설치되어 있습니다.

또한 피처 폰 이용자가 쿠키런 같은 게임을 즐기지 못한다거나 환승 안내 앱을 이용하지 못한다고 화를 내는 일은 거의 없을 것입니다. 처음부터 '피처 폰에는 스마트폰 앱을 깔 수 없다'라고 인식하고, 그것은 애초에 불가능한 일이라고 선을 긋기 때문입니다.

인간도 사실 마찬가지입니다. 사람마다 운영 체제(행동 원리)가 다르기 때문에 다른 사람과 동일한 앱을 깔 수도 있지만, 애초에 설치 자체가 불가능한 경우도 있습니다.

사람들을 관찰하다 보면 사람들이 저마다 다른 행동 원리에 따라 움직이고 있다는 것을 잘 이해하게 됩니다. 그러면 애초에 저 사람은 나와 행동 원리가 다르니까 어쩔 수 없다며 이해하고 넘어가는 일이 늘어납니다. 주의할 점은, 이는 결코 다른 사람에게 자신을 억지로 맞추라는 이야기가 아닙니다. 그저 그 사람은 자신과 다르다는 점을 이해하는 것이 중요하다는 뜻입니다.

상대방이 내 입장에서는 도저히 용납할 수 없는 짓을 저질러도 저 사람은 나와 다르다는 것을 인정하고 들어가면 상대방의 행동에 좀 더 관대해질 수 있습니다. 그래서 쓸데없이 화를 내거나 서로 감정을 소모하는 일이 점차 줄어들어 사소한 불만이 생기지 않게 될 수 있습니다.

자신을
잘 알 수 있게 된다

인간 관찰의 수준을 높이면 일어나는 <u>세 번째 변화,</u> <u>그것은 바로 자신을 좀 더 잘 알게 된다는 점입니다.</u>

소설이나 드라마에 "나는 내가 제일 잘 알아!"라는 대사가 등장할 때가 있지만, 사실 그렇지 않은 사람이 대다수입니다. 자신이 생각하는 자신의 성격과 주변 사람들이 생각하는 자신의 성격에 차이가 있는 경우가 훨씬 많습니다.

쉬운 예로 질문과 답변 형식으로 된 각종 성격 진단 테스트만 보더라도 그렇습니다. 수강생분들에게 이런 테스트를 시켜 볼 때가 있는데, 자신이 직접 작성한 테스트 결과와 다른 사람이 해 준 테스트 결과가 일치하는 경우는 극히 드뭅니다. 오히려 주변 사람들이 "에이, 말도 안 돼. 넌 절대 이런 성격이 아니야!"라고 말할 만큼 테스트 결과가 정반대로 나오는 경우가 더 많습니다.

왜 이런 결과가 나올까요? 이는 인간의 '믿음'이나 '바람'과 관련이 있습니다.

우리는 성장 배경이나 경험 등을 통해 '나는 이런 사람이 되고 싶어'라거나 '나는 이런 사람이 되어야만 해'라는 자신만의 이상이나 미학, 신념 등을 갖게 됩니다. 바로 이러한 믿음과 바람이 자신을 객관적으로 바라보기 어렵게 만듭니다.

예를 들어 "전 털털한 편이에요."라고 말하지만, 사실은 섬세하고 예민한 성격을 지닌 여성도 있고, "저는 다른 사람에게 관심이 없어요."라고 말하지만 알고 보면 꽤나 인간관계에 신경을 쓰는 남성도 있습니다. 또 "전 다른 사람을 보조하는 일에 서툴러요."라고 말하지만, 막상 위기가 닥쳤을 때 든든한 지원군이 되어주는 사람도 종종 볼 수 있습니다.

이처럼 '스스로 바라는 모습'과 '자신의 실제 모습'은 다를 때가 많습니다. 이러한 사실을 깨닫지 못하면 늘 동일한 패턴의 고민에 빠지거나, 자신의 강점을 발견하지 못하는 사태가 발생하기 쉽습니다. 생활 속에서 자신의 장점을 발휘하고 사소한 일로 고민하지 않기 위해서라도 자신을 잘 아는 것이 매우 중요합니다.

자신을 알려면 어떻게 해야 할까요? 자신을 객관적으로 바라보기 위해서는 감정이 동요되는 순간을 관찰하는 것이 가장 효과적입니다.

예를 들어 '이 사람 뭐야, 좀 이상해!'라고 느낀 사람이 있다고 합시다. 그 순간에 느낀 '이상하다'라는 감각을 좀 더 구체적으로 파고 들어가 봅시다. 어째서 상대방이 이상하다, 잘못되었다고 느꼈을까요?

- 예의에 어긋나는 행동을 해서
- 자신에게 실례되는 말을 해서
- 자신을 무시하는 듯한 태도를 취해서

사실 똑같은 상황에 처하더라도 사람마다 느끼는 감정은 다를 수 있습니다.

예의에 어긋나는 행동을 했기에 이상하다고 느끼는 사람은 '사람은 당연히 이래야 한다' 같은 정의가 강하게 박혀 있는 사람입니다. 그만큼 질서나 조화를 중시한다는 것을 알 수 있습니다. 반면 자신에게 실례되는 말을 했다고 느끼는 사람은 '좀 더 자신을 소중히 대해 주기를 바라는' 마음을 지녔을 가능성이 크며, 상대방이 자신을 함부로 대한 것에 분노를 느꼈을 것입니다. 또 무시를 당했다고 느끼는 사람은 '힘의 균형'을 중시하거나 자신의 능력에 콤플렉스가 있을 수도 있습니다.

즉, 이렇게 솟구친 분노나 불안감, 슬픔에 내재되어 있는 것이 바로 자신의 성격을 가장 단적으로 보여주는 요소입니다. 그러나 사람들은 이렇게 자신의 내면을 들여다볼 일이 좀처럼 없으며,

자신이 느끼는 공포나 불안을 마주하기가 괴로울 때도 있습니다. 그러므로 인간 관찰이 필요한 것입니다.

다른 사람을 관찰하다 보면 여러 가지 일들을 좀 더 객관적인 시각에서 바라볼 수 있게 됩니다. 다른 사람의 모습을 자세히 관찰하는 과정을 통해 자기 자신의 심리적 기제까지 파악할 수 있게 되는 것입니다.

예를 들어 '실수해서는 안 돼'라거나 '남들에게 사랑받고 싶어', 혹은 '난 유능해져야만 해', '난 특별해야만 해'라는 생각에서 보이는 자신의 행동 원리를 차츰 파악하다 보면 무엇이 충족되어야만 행복감으로 연결되는지를 알 수 있습니다. 이렇게 자신을 잘 관찰해 나가다 보면 '자기 취급설명서'가 생기게 됩니다.

재미있는 사실은 이처럼 자신을 잘 알게 되면 다른 사람의 시선을 점차 신경 쓰지 않게 된다는 것입니다. 그래서 예전과는 다르게 '나는 그냥 나인 채로 있어도 괜찮아'라는 마음이 들고, 그만큼 편하게 웃을 수 있는 시간이 늘어납니다. 인간 관찰이 지닌 최고의 장점은 이와 같이 자신을 잘 알아갈 수 있다는 점이라고 생각합니다.

인간관계에
부담이 없어진다

인간 관찰이 지닌 효과에 대해 앞으로 두 가지만 더 이야기해 보겠습니다. 네 번째 효과는 인간관계를 형성할 때 도움이 된다는 점입니다.

사회생활을 하며 인간관계를 맺다 보면 초면인데도 스스럼없이 다가오는 사람을 보고 '붙임성이 좋네'라고 느끼는 사람도 있고, 무뚝뚝한 사람을 보고 '낯가림이 심하네'라고 느끼는 사람도 있습니다. 또 한편으로는 자신이 남들에게 어떻게 비칠지, 혹시 나쁜 인상을 주지는 않을지 걱정하기도 하는 등 다양한 갈등 상황이 생길 수 있습니다. 이런 상황도 마찬가지로 인간 관찰을 통해 해결할 수 있습니다.

상대방을 미리 관찰한 후에 관계를 시작하고 커뮤니케이션을 하면 다음과 같은 장점이 있습니다.

- 상대방이 좋아하는 것과 싫어하는 것을 판단하기 쉬워진다
- 상대방을 자극할 만한 '위험 요소'를 미리 피할 수 있다
- 상대방과 '적절한 거리감'을 유지할 수 있다
- 아이를 돌보거나 부하 직원을 지도할 때 '적절한 행동'을 취할 수 있다
- 상대방이 깊은 관계를 맺어도 되는 사람인지 아닌지 좀 더 쉽게 판단할 수 있다
- 낯선 곳에 가도 그 자리에 쉽게 녹아들 수 있다

다음 장에서 소개할 구체적인 관찰 방법을 이용하면 상대방의 성향이나 대략적인 성격, 가치관, 호불호 등을 좀 더 쉽게 판단할 수 있어 대인관계를 한층 원활하게 맺을 수 있습니다. 개별적인 판단 방법은 2장 이후에 나오는 내용을 참고하기로 하고, 일단 여기서는 낯을 가리지 않고 사람들과 어울릴 수 있는 비결을 간단히 소개하고자 합니다.

사람은 누구나 낯선 사람을 만나면 긴장하기 마련입니다. 하지만 개중에는 '전혀 긴장하지 않는' 사람이나 적어도 '겉으로 보기에 전혀 긴장한 것처럼 보이지 않는 사람'이 있습니다. 그런 사람들은 무엇이 다른지 잘 관찰하면 이들의 커뮤니케이션 방식이 크게 다음의 두 가지 스타일로 나뉜다는 사실을 알 수 있습니다.

1. 다른 사람이 절대 침범할 수 없는 자신만의 영역을 마련해 둔다
2. 상대방에게 호기심과 관심을 가진다

1번은 얼핏 보기에 매우 친근해 보이지만 사실은 상대방이 일정 거리 이상 다가오지 못하도록 절대적인 거리를 유지하는 스타일입니다. 그리고 2번은 '저 사람은 어떤 사람일까?'라는 순수한 호기심으로 상대방에게 접근하는 스타일입니다.

1번은 자신이 설정한 '역할'에 푹 빠져 있는 것에 가깝습니다. 실제로 이는 버라이어티 방송 진행자들이 자주 사용하는 방법으로, 상대방에게 질문을 던지면서 장난을 치거나 알고 있는 지식을 늘어놓으며 화제를 넓히는 식으로 현장의 분위기를 조성합니다. 이는 상대에게 실제로 흥미가 있다기보다는 어디까지나 '분위기를 조성하는 역할'을 연기하는 것이라 볼 수 있습니다. 이러한 방법은 기술과 경험이 요구되며, 쉽게 따라 할 수 없습니다.

그렇기에 이 책에서 권하고자 하는 방법은 바로 2번, '상대에게 호기심과 관심 가지기'입니다. 사실 이는 인간 관찰에 요구되는 매우 중요한 기본자세이기도 합니다. 관심의 화살표가 오로지 자신에게만 향해 있는 사람은 상대방을 객관적으로 바라볼 수가 없습니다. '보나 마나 저 사람은 이러이러한 사람일 거야'라는 선입견에 빠지기도 하고, 남들에게 비칠 자신의 모습과 인상에만 신

경을 쓰느라 자신을 솔직하게 드러내지 못하고 과도하게 연기하는 일이 생깁니다. 그러다 보니 사람들을 만나고 집에 돌아가면 완전히 지쳐 버리는 것입니다.

하지만 상대방에게 관심을 가지면 이처럼 불필요하게 신경을 쓰느라 기운을 빼는 일이 없어집니다. 상대방이 어떤 말이나 행동을 했을 때 '저런 식으로 굴다니 성격이 별로인가 보네'라고 성급하게 판단하지 말고, 우선 '저 사람이 왜 저러지?'라는 순수한 호기심을 가지고 상대방에게 접근해 보기 바랍니다. 그러다 보면 처음 만난 사람과도 어느 정도의 거리를 유지해야 하는지 좀 더 쉽게 파악할 수 있습니다.

이런 식으로 커뮤니케이션을 해 나가면 자연스럽게 자신에게 꼭 필요한 사람과 가까워지게 되므로 남들에게 비칠 자신의 모습 같은 것은 신경 쓰지 않게 됩니다. 어떤 환경에 처하든 상대방과 원만하고 능숙하게 커뮤니케이션을 할 수 있습니다. 이것이 바로 인간 관찰이 지닌 네 번째 효과입니다.

의사소통 중에
'오해'가 사라진다

인간 관찰의 수준을 높이면 달라지는 마지막 하나는 바로 커뮤니케이션에서 '오해'가 생기는 일이 사라진다는 것입니다. 사실을 있는 그대로 받아들이는 것, 다툼이 생길 만한 상황에서 서로 충분히 대화를 나누는 것. 이것은 정말 어려운 일입니다.

사실 커뮤니케이션 자체가 원래 오해의 연속입니다. '이 사람의 모든 점이 다 좋아!'라는 마음으로 연애를 시작해도 시간이 흐르면 '○○일 줄 알았는데, 아니었어', '요즘은 ○○해 주질 않아', '이러려던 게 아니었어…'라며 크게 낙담하기 마련이지 않습니까. 대표적인 이혼 사유인 '성격 차이'도 결국은 '이러려던 게 아니었는데…'라는 생각이 차곡차곡 쌓인 결과입니다.

좋을 때는 뭐든지 좋게 넘기지만, 나쁠 때는 뭐든지 나쁘게 보

나도 내일 출근한다고!

이런 갈등도 해소할 수 있습니다

이는 법입니다. 하지만 이런 일도 인간 관찰의 수준을 높이면 점차 줄어듭니다.

지금까지 '성격의 좋은 면과 나쁜 면', '근본적인 행동 원리의 차이', '커뮤니케이션 방식'에 대해 살펴봤지만, 여러분이 꼭 알아야 할 사실이 한 가지 더 있습니다.

그것은 바로 사람은 저마다 '의식하는 부분'이 다르다는 점입니다.

예를 들어 어느 부부가 '집'에 대해 이야기를 나눈다고 합시다.

두 사람은 앞으로 전세나 월세 생활을 계속할지 아니면 돈을 모아 집을 살지 고민할 것입니다. 또 만약 집을 매매할 거라면 주택이 좋을지 아파트가 좋을지, 아파트라면 신축이 좋을지 구축이 좋을지, 지역이나 집 구조는 어떻게 할지 등에 대해 의논할 것입니다. 그런 이야기를 나눌 때, 사람들은 '과거', '현재', '미래'라는 시간 축을 판단 기준으로 삼습니다. 예를 들면 이런 식입니다.

> 어렸을 때 주택에 살았는데 정말 좋았어 그러니까 우리도 주택을 사자! → **과거를 의식**
> 지금 우리가 가장 살기 편한 곳으로 정하자 → **현재를 의식**
> 나중에 집을 팔 때를 생각하면 아무래도 역 근처에 있는 아파트가 좋겠지 → **미래를 의식**

이처럼 집에 관한 이야기를 나눌 때도 두 사람이 의식하는 '시점'이 다를 수 있습니다. 의식하는 시점에 차이가 난다는 것은 당연히 '좋게' 생각하는 포인트 또한 다르다는 뜻입니다. 이러한 차이가 존재한다는 사실을 알지 못하면 대화가 통하지 않거나, 어긋나는 일이 자꾸만 생깁니다.

실제로 부부 상담을 하다 보면 아내와 남편이 같은 에피소드에 대해 다르게 이야기할 때가 있습니다. 이때 남편은 "당연한 소리를 했을 뿐인데, 아내가 갑자기 화를 벌컥 내지 뭡니까."라며 당혹스러워하는 반면, 아내는 "남편이 그런 심한 소리를 하지 뭐예요! 어쩜 사람이 그래요?"라며 잔뜩 흥분하곤 합니다. 이러한 상황은 두 사람이 지닌 관점의 차이에서 비롯되는 경우가 많습니다. 관점의 차이는 다음과 같이 분류할 수 있습니다.

> **관심 중시:** '과거'의 기억을 의식하는 사람은 자신에 대한 관심을 요구한다
>
> **자립 중시:** '현재'의 감각을 중시하는 사람은 지금의 자신을 지키는 방법을 생각한다
>
> **안전 중시:** '미래'를 생각하는 사람은 어떤 일이 일어날 수 있는지 미리 생각하고 대책을 세운다

이처럼 사람은 삶에서 중요하게 생각하는 가치가 저마다 다릅니다. 직장이나 가정에서 무언가에 대해 의논할 때도 이러한 점을 의식하고 대화의 주도권을 누가 잡을 것인지 결정하지 않으면 의견을 취합하기 어려워집니다. 이 점에 대해서는 뒤에서 좀 더 자세히 알 수 있을 테니 지금은 이 정도로만 이야기하겠습니다.

이제껏 다룬 내용에서 강조하는 것은 인간 관찰이나 타인과의 교류에서 눈앞에 놓인 상대를 제대로 바라보는 것이 중요하다는 점입니다. 즉, 자신만의 규칙이나 선입견을 바탕으로 상대방을 판단하는 것이 아니라, 상대방이 어떤 점을 의식하는지 살피면서

그 사람의 말과 행동을 이해하려는 노력이 필요합니다.

그렇게 하면 자신이 당연하게 생각한 것을 상대방은 다르게 볼 수도 있다는 것을 알게 됩니다. 이러한 사실을 깨닫고 나면 상대방이 화를 내거나 슬퍼하는 이유를 이해할 수 있으므로 오해나 다툼이 줄어듭니다. 그리고 다른 사람을 포용할 줄 알게 되고, 짜증을 부리는 일도 점차 사라집니다.

지금부터 다른 사람들을 관찰하는 구체적인 방법에 대해 살펴봅시다.

2장

옷차림부터 말버릇까지, 사람의
성격을 파악하는 열두 가지 포인트

관찰의 시작은
옷차림부터

이제 인간 관찰의 구체적인 방법을 살펴봅시다. 관찰의 첫 단계는 바로 '패션 체크'입니다.

인간 관찰에서 '겉모습'은 중요합니다. 왜냐하면 성격과 패션은 매우 밀접한 관련이 있으며, 그 사람을 이해하는 데 아주 중요한 요소 중 하나이기 때문입니다. 예를 들어 옷에 관심이 있는지 없는지를 보면 그 사람이 자신을 드러내고 싶어 하는 성격인지 아닌지, 다른 사람들의 시선을 의식하는 편인지 아닌지 등을 짐작할 수 있습니다.

옷차림은 사람을 봤을 때 가장 먼저 눈에 띄는 부분이므로 일단 옷차림부터 확인해서 그 사람의 대략적인 성향을 살피는 것이 우선입니다. 그렇다면 구체적으로 어떤 점들을 살펴봐야 할까요? 저는 이런 점들을 관찰합니다.

옷의 소재가 실크, 마, 울 같은 천연 섬유다

피부에 닿는 느낌에 예민한 사람일 가능성이 있다. 완벽주의자
거나 감각을 중시하는 타입일 수 있다.

옷의 색이 자연스러운가, 선명한가

자연스러운 색감의 옷을 입는 사람은 보수적인 경향이 있고,
선명한 색감의 옷을 입는 사람은 적극적인 경향이 있다.

옷을 헐렁하게 입는가, 딱 맞게 입는가

옷을 딱 맞게 입는 사람은 금욕적인 경향이 있다.

옷의 무늬

줄무늬나 체크무늬의 옷을 입는 사람은 보수적인 경향이 있다
(단, 빨간색이나 노란색 같은 강렬한 색이면 적극적인 경향이 있다). 동물무늬,
지역의 마스코트 캐릭터, 전통문양, 자수 등이 들어간 옷을 입은
사람은 예술가적 경향이 있다.

무늬가 상의에 들어 있는가, 하의에 들어 있는가

상의의 무늬가 강렬할수록 생각이 확고하고 고집이 셀 수 있다.
무늬가 하의에 들어 있는 경우는 다른 점을 보고 판단해야 한다.

액세서리의 크기와 대칭성

액세서리가 크거나 형태가 비대칭인 경우에는 모험가 기질이 있다.

가방 브랜드

고급 브랜드의 가방을 든 사람은 권위나 지위를 중시하는 경향이 있고, 오랜 전통을 자랑하는 브랜드의 가방을 든 사람은 전통을 중시하는 경향이 있다.

시계 브랜드

권위나 지위를 중시하는지 짐작할 수 있다.

이처럼 누군가와 처음 마주친 그 순간, 옷차림에서도 우리는 상대방의 성향 등 다양한 정보를 얻을 수 있습니다. 상대방을 머리부터 발끝까지 샅샅이 훑어볼 수는 없지만, 마주치는 순간에 바로 알아차리게 되는 부분이 있기 마련입니다.

간혹 사업을 하시는 분 중에 전문 코디네이터의 도움을 받는 분들도 계시지만, 이 경우에도 '어떤 코디네이터에게 의뢰했는가?'라는 것 자체가 하나의 정보가 될 수 있습니다.

제가 느끼기에는 옷을 확인한 시점에 이미 그 사람의 성향을 절반 정도는 파악할 수 있다고 생각합니다. <u>옷차림은 그 사람의</u>

대체적인 성향을 살피는 데에(혹은 성향의 범위를 좁히는 데에) 매우 도움이 됩니다.

예전에 자신의 성향을 간파당하지 않기 위해 일부러 심플한 스타일의 옷을 입고 수업에 온 수강생이 있었는데, 가만히 보니 그분의 안경줄에 공룡 장식이 달려 있었습니다. 개성을 중시하는 자신의 성향을 숨기지 못한 것입니다.

여러분도 자신의 옷차림을 한번 살펴보십시오. 자신이 어떤 스타일의 옷을 즐겨 입고, 어떤 액세서리를 좋아하는지 떠올리는 것도 좋습니다. 무심코 고른 아이템일수록 그 사람의 특징이 더욱 잘 나타나기 마련입니다.

자세를 통해 알 수 있는
성격의 네 가지 성향

저는 성격에 대한 이론적인 설명과 더불어 신체로 드러나는 것들의 설명을 병행하는데, 그렇게 하는 이유는 성격과 자세가 매우 깊이 연관되어 있기 때문입니다.

사람은 긴장하면 무의식적으로 몸에 힘을 주게 되는데, 이때 힘이 들어가는 부위를 통해 그 사람의 정신 상태나 성격 성향을 짐작할 수 있습니다. 이를 크게 네 가지로 나누어 생각해 봅시다.

자세가 바른 사람은 경계심이 강한 완벽주의자다

경계심이 있는 사람은 자세가 바르고(등이 곧고), 어깨가 살짝 올라가 있으며, 안쪽으로 살짝 말려 있습니다. 이는 완벽주의 성향이 있는 사람이 보이는 특징이기도 합니다.

등이 구부정한 사람은 방어심이 강하다

등이나 허리가 굽은 사람 중에는 방어심이 강하거나 자신감이 없는 사람이 많은 편입니다. 여러 방면에 관심을 쏟기 쉬운 성향이므로 머리를 쓰는 시간이 길고 얼굴에서 피로감이 엿보일 때(다크서클 등)도 있습니다. 가슴 공간이 좁아져 호흡이 얕아지는 경향도 있습니다.

무릎을 세우고 앉는 버릇이 있는 사람은 자신만의 세계에 빠지기 쉽다

등이 구부정하고 어깨가 한쪽으로 처진 사람 중에는 거부감이 강한 사람이 많은 편입니다. 이런 사람은 무릎을 세우고 앉는 버릇이 있으며, 골반이 뒤로 기울어져 있는 경우도 있습니다. 이는 자신만의 세계에 빠지기 쉬운 사람의 특징입니다.

가슴을 쭉 펴고 당당한 자세를 한 사람은 자신의 힘을 과시하고 싶어 한다

가슴을 쭉 편 당당한 자세는 자신감이 넘치는 사람의 특징입니다. 이런 사람은 허리뼈가 앞쪽으로 굽어 있고, 골반도 앞으로 기울어져 있는 편입니다. 이런 사람 중에는 자신의 힘을 과시하길 좋아하는 사람이 많습니다.

경계심이 강한 유형   방어심이 강한 유형

자신만의 세계관이 강한 유형   자신감이 넘치는 유형

표정과 눈을 관찰하면
얻을 수 있는 것

다음으로 살펴볼 것은 바로 얼굴입니다. 상대방의 표정이나 눈을 한번 바라봅시다. 단순히 표정만으로는 그 사람의 성향을 파악하기 어렵습니다. 딱딱한 표정이나 무서운 표정을 짓고 있다고 해서 무조건 차가운 사람인 것도 아니며 오히려 표정은 늘 상냥하지만, 알고 보면 까다로운 사람도 있는 등 워낙 다양하기 때문입니다. 그래서 저는 상대방을 판단할 때 다음과 같은 네 가지를 확인합니다.

① 미소를 짓는 법(표정근의 자연스러움)
② 동공이 벌어지는 정도
③ 시선
④ 눈을 깜박이는 빈도

이러한 것들은 상대방의 커뮤니케이션 태도를 판단하는 재료가 되므로 상대와의 거리감을 파악하거나 화제를 정할 때 혹은 말투나 어휘를 선택할 때 도움이 됩니다.

첫 번째는 안면 신경의 지배를 받아 표정을 나타내는 작용을 하는 근육인 '표정근'의 자연스러움인데, 사실 표정근은 내장 근육의 일부가 튀어나온 것이라고 합니다. 표정근은 진화 과정에서 자신의 의지로 움직일 수 있는 근육인 수의근이 된 것으로, 원래는 내장과 마찬가지로 스트레스를 받으면 자동으로 반응하는 근육이었다고 합니다. 즉, 인간의 표정에는 스트레스에 대한 반응이 드러나기 쉽다는 뜻입니다.

그러므로 미소가 자연스러운지, 아니면 입이나 눈만 웃고 있는지, 억지로 미소를 짓고 있지는 않은지 등이 상대방의 긴장 상태를 판단하는 기준이 될 수 있습니다.

또 이러한 표정만큼 중요한 것이 바로 눈입니다. "눈은 많은 것을 말해 준다."라는 말이 있듯이 얼굴은 웃고 있지만 눈은 웃고 있지 않은 경우가 있습니다. 눈이 웃고 있느냐 그렇지 않느냐 하는 것은 결국 동공(눈동자)의 크기가 나타냅니다. 눈을 마주한 상대에게 마음을 연 사람은 동공이 살짝 커집니다. 상대방의 동공이 살짝 커졌다면 커뮤니케이션할 때 그 사람과의 거리를 살짝 좁혀도 괜찮습니다.

그다음으로 상대방의 '시선'을 관찰해 봅시다. 시선의 흔들림이나 눈을 깜박이는 빈도 같은 것도 상대방을 파악할 수 있는 좋은 정보가 됩니다. 우선 눈을 너무 자주 깜박이거나, 쉽게 눈을 마주치지 않거나, 아예 맞추지 않는 사람은 긴장하고 있으며 아직 커뮤니케이션할 준비가 충분히 되지 않은 상태입니다. 이런 상황에서 상대방에게 섣불리 친한 척을 했다가는 오히려 거북하게 느낄 수 있으므로 일단 서로에게 '익숙해지는 것'이 중요합니다. 그 사람을 강렬한 시선으로 쳐다보거나 질문을 퍼붓지 말고, 지나치게 사적이지 않은 대화를 통해 자신을 조금씩 드러내 보이십시오. 그리하면 상대방도 점차 마음을 열고 자신의 솔직한 모습을 보여줄 것입니다.

반대로 눈을 거의 깜박이지 않고 전혀 흔들리지 않는 시선으로 여러분을 지긋이 바라보는 사람은 마음속에 자신만의 확고한 '선악의 기준'이 있는 유형이라고 볼 수 있습니다. 이렇게 누군가를 바라본다는 것은 말 그대로 상대방을 '품평'한다는 뜻입니다. 눈앞에 있는 사람이 과연 자신이 마음을 열 만한 가치가 있는 사람인지 가늠하려는 것입니다.

이때 그 사람의 어깨가 살짝 올라가 있다면(경계심이 강한 유형) 아마도 그 사람은 'ㅇㅇ은 이러이러해야만 한다'라는 의식이 강한 완벽주의자거나 혹은 원래 낙관주의자지만 지금 극심한 스트레스를 받아 지쳐 있는 상태일 가능성이 큽니다. 어느 쪽이든 간에 이런 사람에게 말을 걸 때는 가벼운 농담을 던지지 말고, 공손한 말

품평을 당하는 중입니다

투로 깍듯하게 존대를 하는 것이 좋습니다. 이런 사람은 상대방이 예의에 어긋나는 태도를 보이면 아예 이야기를 들으려고도 하지 않을 수 있기 때문입니다. 조금 무섭게 느껴질 수도 있지만, 일단 신뢰 관계가 형성되면 스스럼없이 농담을 던지는 경우도 많으니 첫 만남에만 주의하시기 바랍니다.

또 상대방을 지긋이 바라보는 데에서 그치지 않고 활짝 웃어 보이는 사람은 '리더' 기질이 강한 사람이라 볼 수 있습니다. 이런 사람들은 다른 사람을 끌어들이는 매력이 있습니다.

참고로 세미나처럼 많은 사람이 모이는 자리에서 고개를 거의 돌리지 않고 눈을 자주 깜박이면서 여러 사람의 동향을 살피는 사람은 남들을 잘 챙기고 '다른 사람의 기대에 잘 부응하는' 성향일 가능성이 큽니다. 이런 사람들은 남들을 보조하는 역할에 뛰어납니다.

이처럼 표정이나 시선 하나에도 그 사람이 얼마나 긴장했는지, 그 사람의 성향이 어떤지가 잘 드러납니다. 여러분도 커뮤니케이션할 때 이러한 것들을 하나의 지표로 삼아 보시기 바랍니다.

앉는 자리에도
그 사람의 성격이 나타난다

여러분은 고속철도나 비행기를 탈 때, 창가 좌석과 통로 좌석 중 어느 쪽을 선호하는 편입니까? 이러한 사소한 선택에도 그 사람이 지닌 성격의 특징이 잘 드러납니다.

창가 좌석을 선호하는 사람은 벽을 보고 자고 싶다거나 창밖의 풍경을 사진으로 찍고 싶다거나 하는 식으로 무언가 자신만의 세계를 가지고 싶어 하는 성향이 있다고 볼 수 있습니다. 반면 통로 쪽 좌석을 선호하는 사람은 압박감에 약한 성향인 경우가 많습니다. 이런 사람들은 '창가에 앉으면 화장실에 가려고 할 때 눈치가 보일 수도 있잖아…' 같은 상상만으로도 마음이 불편해지곤 합니다.

세미나처럼 많은 사람이 모이는 장소에서는 각 개인의 특징이 한껏 도드라집니다. 앞쪽 자리를 미리 맡아 놓는 사람들은 크게 '강사 등을 품평하기 좋아하는 성향'과 '상대방과 쉽게 친밀감을 형성하는 성향'으로 나뉩니다. 전자는 상대방이 말을 하는 도중에 끊지는 않지만, 만약 강사가 자신보다 경험이나 지식수준이 높지 않다고 판단한 경우에는 그 사람의 말을 들으려고 하지 않는 성향이 있습니다. 반면 후자는 강사의 말에 맞장구도 잘 치고 이야기도 열심히 듣지만, 간혹 강사의 말에 끼어들어 자기 생각을 이야기하기도 합니다. 이런 사람들은 감정에 휩쓸려 입을 열지만, 딱히 이렇다 할 결론 없이 이런저런 에피소드를 길게 늘어놓는 경향이 있습니다.

반대로 뒤쪽 자리를 선호하는 사람들은 다방면으로 사고를 전개하며 다른 사람들과 일정한 거리를 두고 싶어 하는 성향이 있습니다. 이들은 크게 '주목받기를 원하지 않는 사람'과 '그 자리의 전체적인 흐름을 파악하고 싶어 하는 사람'으로 나눌 수 있습니다. 전자는 사람들의 왕래가 적은 좌석을 택하고, 후자는 출입문과 가까운 자리를 고릅니다.

단체 회식 같은 자리에서도 사람들의 성향을 엿볼 수 있습니다. 물론 먼저 온 순서대로 안쪽부터 앉을 때도 있지만, 대체로 안쪽에 앉는 사람에게는 무의식적으로 '끝에 앉고 싶어 하는 심리'가 작용합니다. 이러한 심리에는 남들에게 등을 보이고 싶어 하지 않는 마음이 숨어 있습니다. 등은 자신의 시선이 닿지 않는 취약한 부위입니다. 이러한 약점을 감추기 위해 끝, 그중에서도 벽 쪽에 앉고 싶어 하는 것입니다.

세미나의 경우와 마찬가지로 출입문과 가까운 자리에 앉는 사람은 리더 기질이 있으며, 전체적인 상황을 파악하고자 하는 의지가 강합니다. 그래서 회식 자리에서조차 음식이나 술이 떨어지는 일이 없도록 그 상황을 직접 관리하고 싶어 하기에 항상 메뉴판을 들고 안주를 고르고, 나서서 직원을 부르는 경향이 있습니다(이런 사람 중에는 회의실에서도 출입문 근처에 앉으려고 하는 경우가 있습니다). 반대로 통로 쪽 끝자리에 앉아 주변 사람들을 챙기는 사람은 다른 사람을 도움으로써 자신의 존재감을 드러내려 하는 사람이거나 혹은 주변 사람들의 대화에 끼지 않고 자신만의 페이스를 유지하려고 일부러 주변을 챙기는 역할을 자처하는 사람일 수 있습니다.

이들은 분위기에 따라 구분할 수 있습니다. 전자는 밝고 활발한 이미지고, 후자는 차분하고 담담한 이미지입니다. 성격에 따른 행동 심리, 정말 흥미롭지 않습니까?

메모 습관에서도
성격이 보인다

학창 시절에 노트 필기를 해 본 경험이 다들 있을 것입니다. 그런데 사회인이 된 지금, 여러분은 업무 중에 메모를 하십니까?

메모에도 그 사람의 큰 특징이 드러나기 때문에 이를 관찰하면 무척이나 재미있습니다. 예를 들어 예전에 가수 히라이 켄 씨가 어느 텔레비전 프로그램에 나와 자신이 미국에 체류 중일 때 갔던 가게들을 알아보기 쉽게 목록으로 정리해서 지갑에 넣고 다닌다는 이야기를 한 적이 있습니다. 완벽주의자에 가까운 그의 성향을 잘 보여 주는 흥미로운 일화였습니다.

이러한 사례처럼 메모하는 '목적'은 사람마다 다르기 마련입니다. 어떠한 유형이 있는지 한번 살펴봅시다.

(몰랐던 점·새로운 지식을) 잊어버리지 않기 위해 메모한다… 완벽주의

글씨를 작고 반듯하게, 가지런히 쓰는 성향

다른 사람(대화하고 있는 상대를 포함한)을 위해 메모한다… 친밀한 스타일

내용별로 색상을 구분하거나 비교적 글씨체가 동글동글한 사람. 순서에 상관없이 이곳저곳에 메모한다. 좋아하는 사람의 말을 놓치지 않기 위해 집중하고 있다는 의미도 있다.

가치를 생산하기 위해 메모한다… 뛰어난 향상심

메모를 잔뜩 하는 편으로, 필요한 내용이나 강조하고 싶은 부분은 동그라미나 밑줄을 쳐서 정보를 취사선택할 준비를 한다.

관심 있는 내용만 메모한다… 개성이 강한 스타일

여기저기 띄엄띄엄 메모하기 때문에 나중에 찾아보기 어려울 때도 있다.

자신이 하지 못하는 일만 메모한다… 연구자 스타일

지렁이가 기어가는 듯한 글씨체라 나중에 알아볼 수 없는 내용이 많다. 애초에 메모의 목적 자체가 나중에 다시 보기 위한 것이 아니다.

들은 내용을 처음부터 끝까지 전부 메모한다… 신중한 스타일

비교적 크고 알아보기 쉬운 글씨체. 메모하다 적을 공간이 부족해져서 이면지나 다른 곳에까지 메모할 때도 있다.

정보를 입력하기 위해 메모한다… 내용을 빠르게 흡수하는 스타일

속기하듯 글씨를 휘갈긴다. 상대방이 정보를 처리하는 속도를 따라잡으려고 애쓴다.

감명받은 내용을 메모한다… 영감을 받는 스타일

글씨가 큼직하고 한 가지 색으로만 메모하는 경향이 있다.

귀에 들어온 내용을 메모한다… 내용을 서서히 소화하는 스타일

메모가 비교적 간략하다. 정보를 입력하고 처리하는 데에 시간이 걸리므로 자신의 귀에 들어온 내용을 적어 두는 스타일이다.

여러분은 어떤 식으로 메모를 하십니까? 상황에 따라 다를 수도 있지만, 상황에 따른 차이가 나타나는 것 또한 그 순간에 여러분의 심리 상태가 반영된 것이라 볼 수 있습니다. 자신의 상태를 확인하는 데에도 도움이 될 테니 한번 시도해 보시기 바랍니다.

책상의 청소 상태로 파악하는
성격 경향

책상 위에도 그 사람의 성격이 드러납니다. 사무실이나 집에 있는 책상뿐만 아니라 술집 테이블, 더 나아가 옷장이나 서랍 안도 마찬가지입니다. 이는 '자신의 영역을 어떻게 관리하는가?'에 대한 문제이며, 여기에는 사람의 성격적인 특징이 크게 드러납니다.

우선 프린트물이나 기타 서류 등을 버리지 않고 따로 모아 두거나 명함을 고무줄로 묶어서 책상 끝에 보관해 두는 행동들은 '신중한 스타일'의 사람에게 나타나는 특징입니다.

또 자료를 앱에 곧바로 저장하고 종이 자체는 폐기하거나 명함 뭉치를 두꺼운 명함집 등에 분류해서 넣는 행동은 '합리주의자'에 가까운 사람에게서 볼 수 있는 특징입니다. 이런 사람들은 크게 두 부류로 나뉘는데, 첫 번째 유형은 책상 위에 물건을 거의 두지 않을 만큼 깔끔하게 정리하는 '스마트한 합리주의자'로, 이들은 업무 효율이나 생활의 편리함을 높여 주는 소형기기를 매우 좋아합니다. 반면 두 번째 유형은 '호쾌한 합리주의자'로, 인쇄한 자료를 정리하다 순서가 뒤바뀌거나 종이를 찢어 버리는 실수를 저지르기도 합니다. 이런 사람들은 책상 위도 너저분한 경향이 있습니다.

한편 책상 위를 보기 좋게 정리해 놓는 사람은 크게 두 가지 유형으로 나눌 수 있습니다. 첫 번째 유형은 '완벽주의자'입니다. 이들은 필요한 물건이 생각나면 바로 찾을 수 있고, 무엇을 어디에 두었는지 파악하면서 정리할 수 있는 사람들입니다. 두 번째 유형은 보이는 곳만 치우고 보이지 않는 곳에는 물건을 아무렇게나 처박아 두는 유형입니다. 정리를 제대로 하지 않기 때문에 필요한 물건이 있어도 좀처럼 찾질 못합니다. 이런 사람들은 '자유분방한 모험가 스타일'로, 호불호가 심합니다. 술집에서 물수건이나 젓가락을 무조건 테이블과 평행 혹은 수직이 되게 놓는다거나 잔에 맺힌 물방울을 바로 닦는 등 자신만의 규칙을 고집하기도 하지만, 그런 것치고는 핸드타월을 사용하지 않고 젖은 손을 대충 바지에 닦기도 하는 등 극단적인 차이를 보입니다.

완벽주의자 성향인 사람은 수첩을 사용할 때 처음부터 끝까지 글씨를 반듯하게 적지만, 자유로운 성향의 사람은 첫 장만 신경 써서 쓰고 그다음부터는 마구 휘갈겨 쓰기도 합니다.

책상과 관련된 이야기를 하나 더 하자면, 책상 위에 놓여 있는 물건에서도 그 사람의 성향을 엿볼 수 있습니다. 예를 들자면 수첩이나 펜, 필통, 손수건 등의 물건입니다.

앞서 이야기한 완벽주의자 성향의 사람은 심플하고 아무 무늬도 없는 옷을 입는 경우가 많지만, 어떤 특정 용품 하나만큼은 캐릭터가 들어간 제품을 사용하기도 합니다. 또 펜은 한 가지 색만 사용하는 경우가 대부분이라 책상 위에 많은 펜을 두지 않습니다. 프린트물은 책상 위에 반듯하게 올려 두며, 개인 텀블러를 들고 다니는 경우도 많습니다.

반면 단청 무늬 같은 전통 문양이 들어간 제품이나 수공예품 등 개성이 강한 소품을 많이 사용하는 사람은 '예술적이거나 개성이 강한 스타일'일 가능성이 높습니다.

그리고 '스마트한 합리주의자' 중에는 고급 브랜드에서 나온 펜 케이스를 들고 다니는 사람도 있고, 책상 위에 프랜차이즈 커피 전문점의 컵이 자주 놓여 있는 경우가 많습니다.

책상 위에 색색의 펜을 올려놓는 사람은 귀가 얇은 '분위기 메이커'인 경향이 있습니다(이런 사람은 메모할 때도 다양한 색을 사용합니다). 이런 사람은 사람이 많고 즐거운 곳을 좋아하는 특징이 있습니다.

커뮤니케이션 스타일에서 보이는
성격의 차이

이번에는 대화를 나누거나 상대방의 말에 응수할 때의 차이에 대해 알아봅시다.

먼저 상대방의 말에 크게 반응하는 사람은 '분위기 메이커'이거나 '리더' 기질이 있는 사람인 경우가 많습니다. 말솜씨도 좋아서 분위기를 잘 띄웁니다. 다른 사람의 이야기를 가만히 듣고 있기보다는 직접 나서서 분위기를 이끌어 나가는 것을 잘합니다.

반면 상대방의 말에 크게 반응하지 않고 말도 별로 하지 않지만, 상대방의 말을 잘 '경청'하면서 절묘한 타이밍에 맞장구를 치거나 질문을 던지며 대화를 확장해 나가는 사람도 있습니다. 이런 유형의 사람은 '조화를 중시하는 스타일'로, 그 자리의 분위기를 부드럽게 만드는 역할을 합니다. 상대방의 의견을 수용하고 다른 사람의 이야기를 발전시키는 능력이 탁월합니다. '상대방이 하고 싶어 하는 말을 이해하고 그것에 맞게 맞장구를 쳐 주기 때문에 말수가 적어도 주변 사람들에게 호감을 얻는 경우가 많습니다.

한편 얼핏 보기에는 고개를 끄덕이며 이야기를 잘 들어 주고 있는 것처럼 보이지만, 이는 어디까지나 단순한 '동작'일 뿐, 실제로는 상대방의 이야기에 전혀 귀를 기울이지 않는 사람도 있습니다. 이는 효율을 중시하는 '스마트한 합리주의자'의 특징으로, 이런 사람들은 자신에게 도움이 될 만한 정보만 효율적으로 받아들이려고 하는 경향이 있습니다. 만약 어떤 이야기가 자신에게 이득이 될 거라는 생각이 들었을 때는 쉴 새 없이 질문을 퍼붓기도 합니다.

또 말을 할 때 손동작 등 보디랭귀지를 많이 사용하는 사람은 그저 단순히 흥분한 것일 수도 있지만, 이는 '자신을 대단한 사람처럼 보이게 하고 싶은 마음'을 지닌 사람이 무의식중에 보이는 행동이기도 합니다. 이러한 성향이 있는 사람 중에는 리더 기질이 있는 사람도 있고, 자유로운 성격이거나 예술가적 기질이 있는 사람도 있습니다. 이런 경우에는 다른 요소를 함께 살피면 좀 더 판단을 내리기가 쉬워집니다.

대화할 때 눈을 거의 마주치지 않는다거나 이렇다 할 반응을 보이지 않는다거나 표정의 변화가 거의 없는 사람은 커뮤니케이션 자체를 꺼리는 경향이 있기 때문에 이야기를 나누는 도중에 대화에서 빠져 버리는 경우가 많습니다.

자기주장이 강한 사람과
자기주장이 없는 사람

　1장에서 의식이 향하는 방향은 사람의 관점에 따라 다르다는 이야기를 했습니다. 다른 사람을 관찰할 때, 그 사람이 중시하는 '관점'이 무엇인지를 발견하면 좀 더 편하게 다가갈 수 있습니다.

　무엇을 필요로 하고, 무엇을 어필하고 싶어 하며, 대화를 어떤 식으로 풀어 나가고 싶어 하는지는 사람마다 다르기 마련입니다. 이러한 성향을 살피다 보면 상대방이 무엇을 중시하고, 어떠한 유형의 성향을 지녔는지 차츰 파악하게 됩니다. 사람의 성향은 대체로 다음과 같은 세 가지 스타일로 나눌 수 있습니다.

　　1. 자신을 봐 주길 바라는 사람: 자기주장이 강한 유형

　　2. 다른 사람의 욕구에 부응하고 싶어 하는 사람: 자기주장이

약하고, 다른 사람에게 맞추려는 유형

3. **자신의 내면을 지키고 싶어 하는 사람:** 남을 신경 쓰지 않고
자기 하고 싶은 대로 하며, 주변에서 일어나는 일에 무
관심해 보이는 유형

상대방이 이 세 가지 스타일 중 어디에 속하는지를 알면 그 사
람의 전반적인 성향이나, 그 사람이 처한 현재의 심리 상태까지
도 좀 더 쉽게 파악할 수 있습니다.

1. 자신을 봐 주길 바라는 사람

이런 유형의 사람은 '나 자신'이 주체이며, 바라는 바도 확실합
니다.

어느 날 만담을 보러 갔는데, 관객들의 반응이 좋지 않자 만담
가가 "평소 같으면 이 대목에서 박수가 터져 나오는데 말입니다."
라며 관객들의 박수를 유도했습니다. 이러한 행동은 '내가 지금
공연을 하고 있잖아요! 날 좀 인정해 주세요!'라는 감정이 표출된
것으로 해석할 수 있습니다. 마찬가지로 '신상 명품백을 들고 다
니는 행위'처럼 겉모습에 크게 신경을 쓰는 행동에도 '내가 무엇
을 성취했는지 한번 보세요!'라는 속마음이 담겨 있다고 볼 수 있
습니다.

2. 다른 사람의 욕구에 부응하고 싶어 하는 사람

이런 유형의 사람은 자신이 아닌 상대방을 주체로 여기며, 늘 상대방이 무엇을 원하는지 살피는 특징이 있습니다.

예를 들어 외식 메뉴를 정할 때도 "넌 뭘 먹을 거야?"라며 주변의 의견을 먼저 물어보는 경우가 많습니다. 물건을 살 때도 구매 후기를 열심히 읽거나 주변 사람에게 의견을 구합니다. 이런 사람들은 주체적으로 뭔가를 결정하는 것보다 어떠한 평가 기준이 있어야만 좀 더 쉽게 결정을 내릴 수 있습니다.

3. 자신의 내면을 지키고 싶어 하는 사람

자신만의 확고한 세계관과 규칙이 있으며 좋은 의미에서건 나쁜 의미에서건 상대방에게 맞추려 들지 않는 유형의 사람을 말합니다. 이런 사람은 어떤 모임이나 화제에 관심이 있는지 없는지 확연히 티가 납니다. 대화를 나누는 동안에 눈을 전혀 마주치지 않거나 맞장구를 칠 마음이 없어 보이는 사람은 이 유형에 해당할 가능성이 있습니다.

궁극적으로 이것을 객관적이라고 해도 좋을지 모르겠지만, 늘 '제삼자'로서의 냉정한 시각을 유지하기 때문에 1번, 2번에 해당하는 사람 입장에서는 대체 무슨 생각을 하는 건지 모르겠다는 반응이 나올 수 있습니다. 하지만 사실 그 속에는 '자신의 세계관을 지키고 싶어 하는' 욕구가 숨어 있습니다.

이러한 특징을 알고 사람들을 대하면 대화를 나누다 오해가 생기는 일이 줄어듭니다. 예를 들어 3번 스타일에 속하는 사람은 다른 사람에게 흥미가 없는 것이 아니라, 단지 '자신만의 독자적인 세계관이 있을 뿐'이라는 것을 알게 됩니다.

SNS에 올라오는 글이나 휴대전화 문자 메시지만 보더라도 그 사람의 의식이 어디를 향해 있는지 알 수 있습니다. 또 이러한 차이를 알고 세상을 바라보면 이야기 속 주인공의 심정을 더 깊이 이해하게 되거나 아무 생각 없이 듣던 노래 가사가 더 감동적으로 다가오기도 합니다.

예를 들어 다자이 오사무의 소설 《인간 실격》에 나오는 유명한 문장이 있지요.

"부끄러움 많은 생애를 보내왔습니다"

이 한 문장을 통해 그의 의식이 자신의 내면과 기억을 향해 있음(1번에 해당)을 알 수 있습니다.

또 노래 가사를 보더라도 '내가'라는 단어를 주어로 삼아 자신의 관점에서 바라보는 가사와 '네가', '그대가'라는 단어로 상대방을 주체로 하는 가사, 또는 어떤 풍경이나 개념을 노래한 가사 등이 있습니다. 일본 가수 아이AI가 부른 '스토리STORY'의 가사 중에는 다음과 같은 구절이 있습니다.

"혼자가 아니야 내가 널 지킬 테니까."

주어는 자신이지만 상대방이 어떤 상태이든 간에 자신이 계속 지켜보겠다는 의지가 담겨 있습니다. 즉 시선이 다른 사람을 향해 있다는 점(2번에 해당)을 알 수 있습니다.

반면 연구 자료나 역사서 등은 감정적인 요소를 배제하고 오직 사실만을 담담하게 기술하는데, 이러한 글은 3번에 해당합니다.

이런 식으로 세상을 한번 바라보면 틀림없이 새로운 점들을 발견할 수 있을 것입니다.

반응 속도에도
성격이 드러난다

대화를 나누는 도중에 보이는 '반응 속도' 또한 인간 관찰의 핵심 중 하나입니다. 반응 속도는 결국 커뮤니케이션 속도를 말합니다. 대답을 빨리하는지 늦게 하는지, 말을 가려서 하는지 아닌지와 같은 차이에서도 사람들의 성격적 특징을 엿볼 수 있습니다.

반응을 빨리하는 대표적인 경우가 바로 '완벽주의자' 성향인 사람입니다. 이런 사람들은 대부분 두뇌 회전이 빠르고, 특히 자신이 잘 알거나 공감하는 화제가 나오면 흥분해서 상대방이 이야기를 다 끝마치기도 전에 "맞아!"라고 맞장구를 치기도 합니다. 이러한 경향은 합리성을 중시하는 '스마트한 합리주의자'나 '리더 기질'이 있는 사람도 마찬가지로, 이런 사람들은 속도감 있게 대화를 주고받는 것을 즐깁니다. '자유로운 성향'의 사람도 대화를 나눌 때 흥미를 중시하기 때문에 대화의 속도가 자연히 빨라집니다.

또 '분위기 메이커'인 사람도 '제가 지금 당신 곁에 있어요'라는 감각을 중시하기 때문에 절묘한 타이밍에 맞장구를 치고 분위기에 맞게 말을 가려 하므로 당연히 대화가 열기를 띠게 됩니다. 이런 사람들은 이야기의 내용보다도 눈앞에 있는 사람과 '즐겁게 시간을 보내는 것'에 의미를 두기 때문에 상대방의 이야기에 항상 "맞아, 맞아! 정말 그렇다니까!"라는 식으로 긍정적인 반응을 보입니다.

위험을 회피하려는 성향이 강한 '안전제일주의자'는 상대방이 어떻게 생각할지 예측하려는 경향이 있습니다. 그렇기 때문에 침묵이 흐르는 것을 견디지 못하고 어떻게든 그 틈을 메우려고 하는 특징이 있습니다.

이처럼 반응 속도가 빠른 사람들 사이에서 유독 반응 속도가 느린 사람이 있습니다. 바로 '조화를 중시하는 성향'의 사람입니다. 이런 유형은 시간이 흐르는 감각이 다른 사람들에 비해 느립니다. 혹시 어렸을 때 가지고 놀던 '버튼을 눌러 물속에 있는 고리를 서서히 떠오르게 해서 막대에 걸던 장난감'을 기억하십니까? '워터 게임'이라는 장난감인데, 이런 사람들의 시간 감각은 그렇게 느긋하다고 생각하시면 됩니다.

이런 유형의 사람은 귀에 들어온 말을 먼저 천천히 음미한 다음, 그 후에 떠오르는 말을 입 밖으로 꺼내는 방식의 커뮤니케이션을 선호합니다. 이때 "그래서? 넌 어느 쪽이 좋은데?", "어떻게 할 거야?", "빨리 좀 대답해.", "얼른 결정해."라는 식으로 재촉을 받으면 애써 떠올린 말이 다시 쏙 들어가 버리고 맙니다. 상대방은 그냥 물어보는 것뿐이지만, 이런 사람에게는 묻는 것 자체가 스트레스이기 때문입니다. 이 스트레스가 일정 수준을 넘어 버리면 그대로 입을 꾹 닫아 버리게 됩니다.

자신의 시간 감각을 절대적인 기준으로 삼는 태도는 커뮤니케이션에서 갈등을 유발하는 원인이 됩니다. 사람마다 시간 감각이 다르다는 점을 먼저 이해하면 사람들과 원만하게 커뮤니케이션을 할 수 있게 될 것입니다.

말버릇에 따른
성격 진단

　다른 사람을 관찰할 때 매우 중요한 판단 자료가 되는 것이 바로 그 사람의 말버릇입니다.

　그도 그럴 것이 아무리 옷차림이나 행동에 신경을 쓴다고 해도 무의식중에 튀어나오는 게 바로 말버릇이기 때문입니다. 저도 성격을 분석하는 세미나 등에 참석할 때는 말투에 신경을 기울이지만, 흥분하면 무의식적으로 쓰게 되는 단어들이 있습니다. 이처럼 숨기려고 해도 숨길 수 없는 것이 바로 말버릇입니다.

　가족이나 친구들에게 여러분이 자주 쓰는 말이 무엇인지 한번 물어보십시오. 자신이 생각한 것과 전혀 다른 말이 튀어나올 가능성이 있습니다. 무의식중에 하는 말일수록 본인은 인식하기 어려운 법이기 때문입니다.

　이번에는 이러한 말버릇 중에서도 특히 그 사람의 성격적 특징을 잘 나타내는 표현들을 소개할까 합니다. 지금부터 소개하는 말이나 유사한 표현을 혹시 자주 쓰고 있지는 않은지 자신을 한 번 돌아보시기 바랍니다.

① "똑바로 해!"

이런 말을 자주 하는 사람은 '보편성'을 중시합니다. 똑바로 하라는 말 외에 '보통은 이렇지…', '정답이야(또는 이게 정답일까?)', '인간적으로 어떻게 생각해?', '그럴 수도 있겠지', '그건 쓸데없는 짓이 아닐까?' 등의 말버릇도 같은 부류에 속합니다.

이러한 유형의 사람들은 남들에게 '넌 참 성실해'라는 말을 듣기 싫어하는 경향이 있지만, 다른 사람에게 폐를 끼치는 행동이나 쓸데없는 짓을 하지 않으려는 의식이 강하기 때문에 이런 말을 습관적으로 하게 됩니다.

② "뭔가 그런 느낌이야."

이런 말을 자주 하는 사람은 기분을 들뜨게 하거나 가슴 뛰게 하는 것을 중요하게 생각합니다. 말버릇처럼 뭐든지 감정적으로 받아들이는 편입니다. 의성어를 많이 사용하며, 사소한 뉘앙스를 중시합니다.

이런 사람들은 '샤방샤방하지 뭐야!', '왠지 좋은 느낌이야!', '완전 두근거려!', '너무 떨려!', '잘 모르지만, 괜찮을 거야'라는 식의

감정적인 표현 외에도 '무슨 일 생기면 나한테 말해!', '내가 ○○해
주고 싶어', '○○해 주지 못해서 미안해'라는 식의 애정 어린 표현
을 많이 씁니다.

③ "이득이라니까"

이득이라는 표현에서 알 수 있듯이 이 말을 자주 하는 사람은
효율적으로 큰 이득을 보는 것을 중요하게 여깁니다. 감정적으로
행동하는 일이 거의 없고, 어떤 시스템을 구축하거나 정해진 시
스템에 따라 생활하는 것을 중시하는 경향이 있습니다.

'윈윈이지', '그건 좀 위험하지 않아?', '시급으로 따지면 말도
안 되지, 안 그래?', '네 마음은 이해하지만, 그래도 일단 이렇게
하는 게 낫지 않아?' 같은 표현도 이런 유형의 사람들이 자주 쓰
는 말로, 미국의 비즈니스적인 사고와 성공 방식을 연상시킵니
다. 이처럼 스마트함과 효율을 중시하려는 의식이 말투에 그대로
드러납니다. 이런 말을 자주 사용하는 사람들은 이득을 얻기 위
해 동료를 만드는 것도 중시합니다.

④ "마음만 먹으면 할 수 있지 않나?"

이런 말을 자주 하는 사람은 자신의 기분이나 심리 상태를 중
시합니다. 감정적으로 행동하기도 하며, 상대방도 자신과 같은
마음이 되기를 바라는 경향이 있습니다.

이런 유형이 자주 쓰는 말버릇으로는 '좀 실례인 것 같지 않아?', '틀림없이 그렇게 생각하고 있을 거라니까', '편하게 살고 싶어', '전부 다 때려치우고 싶다', '대단해!', '어차피 나 같은 건…' 등이 있습니다. 내면은 매우 섬세하지만, 정이 많고 순수한 면이 있는 개성파, 예술가 유형이라 할 수 있습니다.

⑤ "즉, 이렇다는 건가요?"

이런 말을 자주 하는 사람은 다른 무엇보다도 사실을 추구하는 성향이 있습니다. 이런 사람들은 감정이 '개념화'되어 있기에 감정적인 일을 받아들이는 데에 서툽니다.

'알겠습니다', '아, 아닙니다' 등 다른 사람의 말에 늘 비슷하게 대답하는 모습을 볼 수 있습니다. 비즈니스의 기본인 '보고, 연락, 상담'에 대한 개념 자체가 없으므로 주변 사람들로부터 '그런 일이 있으면 말을 좀 해!'라는 이야기를 들을 때도 있습니다. 연구자에 알맞은 기질이라고 하면 좀 더 이해하기 쉬울 것입니다.

⑥ "어, 정말 괜찮아?"

이런 말을 자주 하는 사람은 위험을 회피하는 것을 중요하게 생각합니다. 이런저런 생각을 하면서 머릿속으로 시뮬레이션을 해 봅니다. '어떻게 해야 좋을까요?', '그렇게 해서 정말 잘 될까요?', '싫은 건 아닙니다.', '보통은 그렇잖아요.'

①의 '똑바로 해'라는 말을 자주 하는 사람과 비슷해 보이지만, 이번 유형의 사람은 자신의 주장을 내세우기보다는 다른 사람들과 보폭을 맞추어 걸을 때 더 안심하는 경향이 있습니다. 그래서 자신에게 책임이 돌아오지 않을 만한 말을 자주 씁니다. 돌다리도 두들겨 보고 건너는 유형인 셈입니다. 어쩔 수 없이 결단을 내려야만 하는 순간이 닥쳤을 때, '솔직히 그렇게 하고 싶은 거냐고 묻는다면…'처럼 머릿속으로 해야 하는 생각을 저도 모르게 입 밖으로 꺼내 버리는 특징도 있습니다.

⑦ "괜찮아, 괜찮아."

이런 말을 자주 하는 사람은 새로운 자극이나 경험을 중요하게 생각합니다. 분위기가 심각해지거나 부정적인 상황을 맞닥뜨리는 것을 피하고자 즐거운 일에 더 집중합니다.

'맞아, 맞아', '아하, 그럴 수도 있겠다', '그래, 그래', '대충 알겠어', '지루해', '뭔가 재미있는 일이 없을까'처럼 가볍게 들리는 말을 자주 합니다. '추천'이라는 말이 들어간 정보를 주고받는 데에 많은 시간을 씁니다.

⑧ "틀림없어요."

이런 말을 자주 하는 사람은 자신이 믿고 있는 세계를 소중하게 생각하는 경향이 있습니다. 강한 카리스마와 리더십을 무기로 자신이 중심이 되는 세계를 만들고 싶어 하는 욕구가 강합니다.

'절대 용서 못 해', '지금 날 무시하는 거야?'라며 싸움을 두려워하지 않는 면모를 보이는 한편, 자신이 지키기로 마음먹은 사람은 철저히 보호합니다. 또 비교적 새로운 것을 좋아하기 때문에 '그거 괜찮겠는데? 한번 해 보자', '좋은 아이디어가 떠올랐어!'라는 식으로 기존의 계획을 전부 엎어 버리는 경우도 종종 있습니다.

⑨ "어느 쪽이든 상관없어."

이런 말을 자주 하는 사람은 주변 환경과의 조화를 중시합니다. 조화가 깨지지 않도록 자신의 주장을 거의 드러내지 않습니다. '몰라', '귀찮아', '괜찮아', '졸려'와 같은 말을 하면서 주장을 회피하려 합니다. 반드시 어떤 결정을 내려야 하는 상황에 몰리면 입을 꾹 다물어 버리는 일도 종종 있습니다.

나열해 놓고 보니 어떻습니까? 어떤 말을 주로 쓰는 편이실까요? 말버릇을 이용해 성격을 진단하는 방법은 사실 자신이 하느냐 타인이 하느냐에 따라 결과가 크게 차이 나는 경우가 있습니다. 주변에 있는 가족이나 친구 등에게 자신이 습관처럼 하는 말이 무엇인지 한번 물어보시기 바랍니다.

하다 보면 '뭐? 내가 언제 그런 말을 했어? 그런 적 없어' 하며 부정하고 싶어질 수도 있지만, 이 진단은 '옳고 그름'을 판단하는

⑦번 유형

⑥번 유형

것이 아닙니다. 어떤 유형의 사람이든 좋은 면과 나쁜 면을 모두 지니고 있기 마련이라고 말씀드렸던 것처럼, 좋은 면이 크게 작용하면 자신뿐만 아니라 주변 사람들과도 원만한 관계를 유지할 수 있을 것입니다.

좋은 면을 끄집어내려면 우선 자신이 지금 처해 있는 상황을 정확하게 파악하는 것이 중요합니다. 다른 사람이 이야기하는 자신의 말버릇 속에 내 '본질'이 숨어 있을 가능성이 큽니다. 참고로 자신에 대해 잘 의식하지 못하는 사람일수록 '다른 사람의 버릇'에 예민한 경향이 있습니다.

다른 사람의 말버릇에 대해 자신이 어떻게 느끼는지('나도 저런 말을 쓰는데', '난 저런 말을 해본 적이 없는데', '나라면 절대 하지 않을 말이야' 등) 생각해 보는 것도 재미있을 것입니다.

○ 옷차림부터 말버릇까지, 사람의 성격을 파악하는 열두 가지 포인트

성격은 결국
아홉 가지 유형으로 정리할 수 있다

　말버릇에 관해 설명한 부분에서 사람의 성격을 아홉 가지 유형으로 나누어 소개했는데, 사실 이러한 분류는 '에니어그램Enneagram'이라는 성격 분석 기법을 바탕으로 한 것입니다. 에니어그램은 고대 그리스에서 기원한 것으로 알려져 있으며, 세계적인 기업이나 미국의 중앙정보국CIA 같은 공적 기관에서도 채택하고 있는 성격 진단 도구입니다.

　일반적으로는 100개 정도의 질문 항목에 답한 뒤 '당신은 이런 유형의 성격입니다'라는 진단을 받습니다. 아마 시험 삼아 해 보신 분도 있을지 모르겠습니다. 저도 이런 에니어그램의 도움을 받아 인간 관찰을 하고 있습니다. 에니어그램은 인간의 행동 원리를 파악한다는 의미에서 매우 뛰어난 도구입니다.

　단, 문제가 하나 있습니다. 오랜 세월 동안 성격 연구를 해 온

저는 개인적으로 에니어그램의 '자가 진단' 결과를 신뢰하지 않습니다. 인터넷에서 할 수 있는 에니어그램 진단은 보통 100개 정도의 질문에 답하는 형식으로 되어 있는데, 이는 수많은 질문에 대한 답변을 받아야만 전체적으로 그 사람의 성향이 어느 쪽으로 기울었는지 파악할 수 있기 때문입니다.

하지만 이러한 과정을 거쳐도 자가 진단을 하다 보면 '완벽주의자' 유형인 사람이 '개성을 중시하는 유형'으로 진단을 받거나 '개성을 중시하는 유형'의 사람이 '조화를 중시하는 유형'으로 진단을 받는 일이 생깁니다. 그렇기에 성격과 인간 관찰의 기본을 먼저 설명하고자 이제껏 차근차근 이야기를 풀어 온 것입니다.

수업에서 '성격이 무엇이라고 생각하세요?'라는 질문을 던져 보면 수강생마다 다르게 대답합니다('타고 난 것', '환경에 따라 변화하는 것', '사고방식의 기본', '개성' 등). 저는 성격이란 크게 두 개의 요소로 이루어져 있다고 설명합니다. 그 두 가지는 다음과 같습니다.

- 자신이 타고난 것(=자신의 중심이 되는 본질)
- 자라면서 부모에게 배운 것(=본질을 보호하기 위한 깁스)

이에 대해 설명해 보겠습니다. 먼저 첫 번째 요소인 '자신이 타고난 것'은 무의식적인 수준에 해당하는 성질이라고 할 수 있습니다. 말 그대로 "응애!"하고 울음을 터뜨리며 세상에 나온 그 순간부터 타고나는 것으로, 자신의 중심이 되는 성질입니다.

반면 두 번째 요소인 '자라면서 부모에게 배운 것'은 후천적인 영향을 말합니다. 세 살 버릇 여든까지 간다는 속담처럼 우리는 환경이나 인간관계에서 생각보다 더 큰 영향을 받고 있습니다. 부모님뿐만 아니라 선생님, 친구들, 직장 상사 등 다른 사람들과 관계를 맺으면서 다양한 영향을 받게 되는 것입니다. 이렇게 후천적으로 받은 영향이 자신의 성질과 뒤섞여 있기 때문에 자가 분석이 어렵습니다(마구 뒤섞여 있는 경우가 대부분입니다. 그래서 이런저런 요소들이 전부 자신의 것일 수 있다고 생각하게 됩니다).

그리고 자가 분석을 더욱 어렵게 하는 것이 있습니다. 바로 지금 받고 있는 스트레스의 강도입니다. 사실 평상시에 스트레스를 받았을 때와 그렇지 않을 때의 상태를 비교해 보면 같은 사람인데도 마치 전혀 다른 유형처럼 보일 때가 있기 때문입니다(여기에도 법칙이 있는데, 뒤에서 좀 더 자세하게 설명하겠습니다). 스트레스가 커지면 무의식적으로 하게 되는 행동이 있습니다. 이러한 성격의 구조를 파악한 후에 자신을 좀 더 객관적으로 바라보지 않고서는 자가 분석을 정확하게 할 수가 없습니다.

이렇게 말하면 성격을 정확하게 진단하는 것이 영영 불가능하겠다는 생각이 들겠지만, 걱정하지 않아도 됩니다. 타인의 성격은 쉽게 알 수 있기 때문입니다. 제삼자의 관점에서 다른 사람을 관찰하면 어떤 유형의 사람이 특징적인 행동을 보이고, 그것이 어떠한 행동 원리에 따라 일어나는지 파악할 수 있습니다.

이처럼 타인의 관찰을 통해 '자신이 지닌 본질적 성질'을 깨닫는 것이 이러한 성격 분류 및 진단의 최종 목표라고 생각하시기 바랍니다. 자신의 본질이 무엇인지 깨닫고 나면 반대로 자신이 어떠한 영향을 받고 있고, 어떠한 요소를 지니고 있는지 확실히 알게 됩니다.

객관적인 판단 방법은 나중에 살펴보도록 할 테니 일단 총 아홉 가지 성격 유형에 대해 좀 더 자세히 살펴보도록 합시다. 자신이 어느 유형에 해당하는지 잘 생각해 보시기 바랍니다.

이 책을 끝까지 다 읽고 난 후에 이 부분을 다시 보면 새로운 인상을 받을 수도 있습니다. 어느 쪽이든 간에 여러분 스스로 그 내용을 이해하고 많은 것을 느끼는 것이 중요합니다.

에니어그램은 그리스어로 숫자 '9'를 뜻하는 '에니어ennea' 와 '그림'을 뜻하는 '그램gram'의 합성어로 직역하자면 '아홉 개의 점이 있는 그림'이라는 뜻이다. 고대에서부터 전해지던 이론을 20세기 중반 미국 스탠퍼드 대학교의 심리학자들을 중심으로 조사, 연구가 추진되어 과학적으로도 가치가 인정되었다. 미국 중앙정보국을 포함하여 각종 글로벌 기업들에서 인력 채용 및 인사 관리 도구로 사용되고 있다.

각 유형은 '감정' 중심 그룹과 '사고' 중심 그룹, '본능' 중심 그룹으로 나뉜다.

감정 중심: ② ③ ④

사고 중심: ⑤ ⑥ ⑦

본능 중심: ⑧ ⑨ ①

인접 유형의 영향

각 유형의 양쪽에 인접한 두 개의 유형에 영향을 받을 수 있다. 성격은 자로 잰 듯 딱 떨어지는 게 아니라 일종의 '그러데이션'이다. 인접한 두 개의 유형 중 하나의 영향을 많이 받게 되는데, 같은 유형이라도 어떤 인접 유형의 영향을 더 받았느냐에 따라 그 사람이 주는 인상은 상당 부분 다를 수 있다.

① 번 유형 | 잘하고 싶어 하는 사람, '완벽형'

인간적으로 어떻게 생각해?

말버릇

'똑바로 좀 해'

'○○해야만 해'

'인간적으로 어떻게 생각해?'

이 유형에 속하는 사람은 '개선 욕구'가 강한 사람입니다. '주어진 일을 잘 해내고 싶어 하는 마음'이 가치의 중심에 있는 완벽주의자입니다. 넘치는 부분보다 부족한 부분에 더 신경을 쓰고, 모든 일을 선악, 흑백으로 확실히 구분하고 싶어 하는 성질이 있습니다.

그렇기 때문에 나쁜 습관을 고치려는 강한 의지와 한번 시작한 일은 끝까지 물고 늘어지는 끈기도 있습니다. 전통이나 순리 등 '올바름'을 추구하는 경향이 있으며, 금욕적이고 인내심도 강합니다. 그러나 자신의 규칙을 타인에게까지 강요할 때가 있습니다.

그러한 행동에는 '틀리는 것'에 대한 공포가 숨어 있는데, 이런 심리 덕분인지 일 처리는 매우 정확합니다. 또 좋은 것을 알아보는 안목이 있고, 고급스러운 것을 좋아합니다. 아름다운 것을 만들어 내는 재능도 있습니다.

옷차림: 촉감이 좋은 천연 소재의 의류를 선호한다. 품질이 좋은 것, 세련된 브랜드 제품을 소지할 때도 있다. 액세서리는 대칭적인 디자인을 사용한다.

책상: 늘 깔끔하게 정돈되어 있고, 무엇을 어디에 두었는지 전부 파악하고 있다.

식사: 자신이 먹을 수 있는 음식을 확실히 밝히는 편이다. 식품의 안전과 위생에도 신경을 쓴다.

자세: 어깨가 움츠러져 있고, 위로 살짝 올라간 편이다.

몸 상태가 좋을 때: 밝고 총명하다. 공평하고 질서를 중시한다.

스트레스를 받았을 때: 비판적인 사람이 되고, 자신의 기준을 강요한다.

인접 유형의 영향: ②번 유형의 요소가 강하면 좀 더 사교적인 사람이 되지만, 더 분노가 쌓이기 쉬운 경향이 있다. ⑨번 유형의 요소가 강하면 온화하지만, 남들과 거리를 두려는 경향이 있다.

②번 유형 │ 해 주고 싶어 하는 사람, '조력형'

느낌이 좋은데?

말버릇
'뭔가 그런 느낌이야'
'느낌이 좋은데!'

    이 유형에 속하는 사람은 밝고 낙천적인 '분위기 메이커'입니다. 약한 사람에게 잘 다가가며, 곤경에 처한 사람에게는 손을 내밉니다. 모든 일을 감정적으로 판단하지만, 평화를 사랑하기 때문에 다툼을 피합니다.

    '어떻게 하면 눈앞에 있는 사람을 기쁘게 만들 수 있을까?'라는 것을 기준으로 상대방에게 무언가를 해 주거나 가르쳐 주려는 행동을 합니다. 특히 자신이 좋아하는 사람을 위한 일에는 저절로 귀가 얇아지고, 자기 일을 뒤로 미룰 만큼 적극적으로 나섭니다. 서비스 정신이 매우 뛰어나 손님 접대를 잘합니다.

옷차림: 화려한 색이나 파스텔 톤의 색 등을 좋아한다.

책상: 좋아하는 물건이나 귀여운 소품들로 가득하다.

식사: 좋아하는 사람과 함께 있다면 무엇을 먹든 신경 쓰지 않는다.

자세: 고개가 앞으로 나오기 쉽다.

몸 상태가 좋을 때: 친절하고 상냥하다. 애정이 넘친다.

스트레스를 받았을 때: 고집을 부리고, 자신의 의견이나 친절을 상대방에게 강요한다.

인접 유형의 영향: ①번 유형의 요소가 강하면 사람들에게 더욱 헌신적인 경향이 있다. ③번 유형의 요소가 강하면 가까운 사람들을 대우하는 경향이 있다.

③번 유형 │ 목표 달성에 가치를 두는 사람, '성취형'

안전히 윈윈 전략이야!

말버릇
'이득이라니까'
'윈윈이지'
'시급으로 따지면'

　　이 유형에 속하는 사람은 '목표 달성'을 무엇보다 중시합니다. 높은 목표를 세우고, 그에 가까워지기 위해 최선을 다합니다. 목표 달성을 위한 시스템을 구축하고 동료를 사귀는 것을 중요하게 생각하지만, 자신에게 득이 될 것이 없다고 생각하는 사람은 쳐다보지도 않는 면이 있습니다. 단, 자신이 먼저 싸움을 걸지는 않기 때문에 사교성은 좋은 편입니다.

　　최소의 노력으로 최대의 결과를 내는 것을 중시하므로 경제를 크게 움직이는 사람이 많으며, 최종적으로는 이득이 된다고 판단하면 리스크를 짊어지기도 합니다. 정상의 자리에 오르거나 매력

적인 사람이 되기 위해 끊임없이 노력하므로 그만큼 좋은 결과가
따르는 편입니다.

옷차림: 고급 브랜드의 옷이나 해외 명품 브랜드의 시계를
착용한다. 자신의 목적에 맞는 제품을 사용하기도
한다.

책상: 깔끔하다. 데스크톱 컴퓨터도 갖추고 있다.

식사: 자신의 목표에 맞는 식사를 한다. 운동하고 있다면
단백질 파우더를 먹는 식이다.

자세: 의식적으로 바르게 하려고 애쓴다.

몸 상태가 좋을 때: 사교적이고 노력가이다. 다른 사람들이
본받고 싶어 하는 '이상적인' 인물이 된다.

스트레스를 받았을 때: 사람들을 평가해 우열을 가리고, 가
치가 없다고 느끼는 것에는 관심을
두지 않는다.

인접 유형의 영향: ②번 유형의 요소가 강하면 타인의 호감
을 얻기 위해 더 신경 써서 행동하는 경
향이 있다. ④번 유형의 요소가 강하면
자신의 일에 대한 평가를 요구하는 경향
이 더욱 강해진다.

④번 유형 | 자기 본연의 모습을 지키고 싶어 하는 사람, '독창형'

마음만 먹으면 할 수 있을것 같은데?

말버릇

'마음만 먹으면 할 수 있지 않아?'

'그러는 건 실례 아니야?'

이 유형에 속하는 사람은 자신을 표현하고 싶다는 열정으로 가득하며, 늘 이를 표출할 방법을 찾으려고 합니다. 다만, 열정이 넘치다 못해 주체할 수 없는 수준이라 자신의 상황에 일희일비할 때도 있습니다. 어떤 일을 드라마틱하게 받아들이는 경향이 있기 때문에 이상과 현실 사이에서 갈등할 때도 있지만, 이는 유연한 사고가 가능하다는 뜻이기도 합니다. 정이 많고 섬세한 성격이기 때문에 관찰력과 집중력이 다른 사람보다 훨씬 뛰어나서 수준 높은 창작을 할 수 있습니다.

옷차림: 개성을 중시한다. '다른 사람과 다른' 색이나 아이템을 선택하는 경향이 있다. 개성적이면서도 고급스러운 것을 좋아한다.

책상: 엉망진창인 시기와 휑한 시기가 반복된다. 좋아하는 것을 모아 두는 공간을 만들고 싶어 한다.

식사: 좋아하는 음식만 계속 먹거나 자신의 기분에 맞는 음식을 먹는다.

자세: 어깨가 안으로 말려 있다. 골반이 뒤로 기울어진 편이다.

몸 상태가 좋을 때: 다른 사람에게는 없는 독특한 표현을 사용하고, 유연한 상상력을 발휘한다.

스트레스를 받았을 때: 다른 사람에게 과도한 관심을 요구한다. 자기 뜻을 고집한다.

인접 유형의 영향: ③번 유형의 요소가 강하면 경쟁의식이 강해져 자신의 위치나 실력을 향상하려는 경향이 있다. ⑤번 유형의 요소가 강하면 독창성이 한층 강해져 자신이 상상한 세계에 빠져 버리는 경향이 있다.

⑤ 번 유형 │ 사실을 추구하는 사람, '탐구형'

그래서 이렇게 된 거예요?

말버릇
'즉, 이런 것입니까?'
'아, 아닙니다'

이 유형에 속하는 사람은 무슨 일이든 '사실을 기반으로' 생각합니다. 정보 수집 능력과 집중력이 뛰어나지만, 관심이 없는 일은 쳐다보지도 않습니다. '다른 사람과의 관계'를 생각하며 살지 않으므로 보고, 연락, 상담에 대한 개념이 없습니다. 단, 어떠한 사실을 추구하고 이를 지속할 수 있는 능력이 탁월합니다. 다른 사람의 실수에 관대하며, 참을성도 강합니다.

무표정할 때가 많기 때문에 '괴짜' 취급을 받을 수도 있습니다. 하지만 감정적인 사람들이 언쟁을 벌일 때 슬쩍 사실을 말해 과열된 분위기를 진정시키는 능력이 있습니다.

옷차림: 자신만의 독특한 스타일이 있다. 자고 일어난 듯 머리가 흐트러져 있거나 옷에 구김이나 얼룩이 있을 때도 있다.

책상: 혼돈 그 자체로, 구겨지지 않은 종이가 없다.

식사: 딱히 좋아하는 음식은 없다. 다만 사전에 정보를 얻은 음식은 한번 먹어 보고 싶어 한다.

자세: 등이 구부정하다. 고개를 숙이고 있을 때가 많다.

몸 상태가 좋을 때: 냉정하고 사교적이다.

스트레스를 받았을 때: 커뮤니케이션을 회피하고, 자신만의 세계로 도망친다.

인접 유형의 영향: ④번 유형의 요소가 강하면 예술 분야나 판타지 등에 관심이 커지는 경향이 있다. ⑥번 요소가 강하면 과학 기술이나 역사적 사실 등에 관심이 커지는 경향이 있다.

⑥번 유형 | 시뮬레이션을 하는 사람, '안전형'

과연 잘될까요?

말버릇
'어, 정말 괜찮겠어?'
'과연 잘 될까요?'
'싫지는 않아'

이 유형에 속하는 사람은 '위험 회피'의 달인입니다. 부지런하고, 자신이 어떻게 행동해야 지금 속한 조직이 잘 굴러갈지 고민할 줄 아는 사람입니다. 가족이나 조직을 지키고자 하는 책임감이 강하며, 다른 사람을 보조하는 능력도 있습니다. 단, 보조하는 능력이 뛰어난 탓에 자신의 업무가 아닌 일까지 신경 써야만 해서 손해를 본다는 느낌을 받을 때가 종종 있습니다. 혼자 생각하는 시간이 많기 때문에 현실에서는 움직임이 적은 편이지만, 조직이 잘 굴러가기 위해 꼭 필요한 유형으로, 이런 사람들이 있어야만 나라가 안전하게 유지될 수 있습니다.

옷차림: 무늬가 없고 디자인이 화려하지 않은 옷을 선호
한다.

책상: 책상 위는 깨끗하지만, 서랍 안에는 잡다한 물건들
이 가득한 편이다.

식사: 어떤 맛인지 쉽게 상상할 수 있고, 식사 전후의 일정
에 크게 영향을 끼치지 않는 음식을 선호한다.

자세: 등이 구부정하다. 한쪽 다리로 서 있을 때가 많다.

몸 상태가 좋을 때: 신속하게 결단을 내리고 행동한다.

스트레스를 받았을 때: 머릿속으로 하염없이 고민만 반복해
서 정작 현실 세계에서는 움직이질 않
는다.

인접 유형의 영향: ⑤번 유형의 요소가 강하면 법률이나 과
학에 관한 관심이 높아진다. 공격적인 성
향도 있다. ⑦번 유형의 요소가 강하면
가정이나 직장 동료와의 관계를 중시하
는 경향이 있다.

⑦ 번 유형 | 새로운 모험을 즐기는 사람, '낙천형'

그거 재미있겠다!

말버릇
'괜찮아, 괜찮아'
'맞아, 맞아'
'아하, 그렇구나'

이 유형에 속하는 사람은 인생에서 재미를 추구하는 '자유인'입니다. 흥미를 중시하기 때문에 다양한 분야에 관심을 가지고 뛰어듭니다. 기획력과 표현력이 뛰어나고 일 처리도 빠르지만, 정확도가 떨어지는 어려움도 있습니다.

두뇌 회전이 빨라 여러 가지 일을 한꺼번에 처리할 수 있습니다. 활동적인 성격이기 때문에 일정을 빡빡하게 잡을 때가 많으며, 마치 순환선을 도는 지하철처럼 끊임없이 움직입니다. 무겁거나 슬픈 이야기를 듣는 것을 꺼리며, 무슨 일이든 긍정적으로 받아들이려고 노력합니다.

옷차림: 다양한 스타일의 옷을 입는다. 하지만 옷의 촉감은 중시하는 편이다.

책상: 눈에 보이는 곳은 잘 꾸며 둔다. 단, 잃어버리지 않게 잘 보관해 둔 물건은 밖으로 꺼내지 않는다.

식사: 뭐든지 잘 먹는다. 아직 먹어 보지 못한 색다른 음식이 있으면 무조건 도전한다.

자세: 허리뼈가 앞으로 살짝 굽어 있는 편이다. 하지만 의식적으로 바른 자세를 하려고 노력한다.

몸 상태가 좋을 때: 차분하고, 다른 사람에게 고마움을 잘 느낀다.

스트레스를 받았을 때: 가만히 있질 못하고 어쩔 줄 몰라 한다. 다른 사람에게도 관심을 보이지 않는다.

인접 유형의 영향: ⑥번 유형의 요소가 강하면 협조성은 좋아지지만 무슨 일이든 쉽게 단념하는 경향이 있다. ⑧번 유형의 요소가 강하면 대담하고 전략적인 사람이 된다. 뼈 있는 농담을 좋아하는 경향이 있다.

⑧ 번 유형 | 그야말로 리더인 사람, '리더형'

한번 해 봅시다!

말버릇
'틀림없어'
'한번 해 보자'
'지금 날 무시하는 거야?'

이 유형에 속하는 사람은 다른 사람 위에 서는 것을 좋아하는 '리더' 타입입니다. 승부에 집착하며, 적군과 아군으로 타인을 구분하는 경향이 있습니다. 직감적이고 야생적인 행동력을 지녔으며, 빠르게 움직입니다. 언뜻 호쾌한 사람처럼 보이지만 의외로 뒤에서 이런저런 행동을 하는 경우도 많으며, 남몰래 전모를 파악하려 하는 면도 있습니다.

돈이 곧 권력이라고 생각하며, '판을 키우는 것'을 좋아합니다. 좋다고 생각하는 것은 받아들이고, 항상 새로운 일에 도전합니다. 세력을 넓히기 위한 확산력과 강한 발언권을 갖고 있습니다.

옷차림: 좋은 옷을 입는다. 품질보다 '비싸 보이는' 옷을 선호하는 경향이 있다.

책상: 깔끔하다. 쓰레기를 바로바로 버리고 정리하거나 반대로 쓰레기를 산더미처럼 쌓아두기도 한다.

식사: 빠르게 먹을 수 있는 패스트푸드 혹은 자랑하기 좋은 유명한 맛집을 선호한다.

자세: 두 발로 똑바로 서고, 배에 힘을 준다. 팔짱을 자주 낀다.

몸 상태가 좋을 때: 다른 사람을 배제하지 않고 이들의 의견을 잘 수용하면서 이끌어 간다.

스트레스를 받았을 때: 적이라고 판단한 상대는 철저히 배제한다. 주변 사람들에게 네거티브 공세를 펼친다. 평소보다 더 억지를 부리고 오만해진다.

인접 유형의 영향: ⑦번 유형의 요소가 강하면 독립 지향적인 성향이 강해지고 리스크를 짊어지려고 한다. 더 공격적이 되기도 한다. ⑨번 유형의 요소가 강하면 차분하고 가정적인 경향이 있다. 단, 양면성을 지닌다.

⑨번 유형 | 전체의 조화를 중시하는 사람, '조화형'

다 괜찮아

말버릇

'뭐든지 상관없어'

'모르겠는데'

'괜찮아'

　　　　이 유형에 속하는 사람은 어떤 자리든 그곳의 균형이나 조화를 맞추어 줍니다. 성품이 온화하며 남들을 넉넉히 품어 줄 만큼 '수용적'이고 '수동적'입니다. 자기의 뜻을 주장하려는 선택지 자체가 없으며, 항상 주변 사람들의 의견에 맞추어 줍니다.

　하지만 의외의 부분에서 완고하게 고집을 부리는 면도 있기 때문에 자신의 의견이 무시당하면 그 일에 싫증을 낼 수도 있습니다. 일을 자꾸만 뒤로 미루는 습관이 있어서 어떤 일이든 쉽게 결정을 내리지 못하며, 결정을 내린 후에도 일정대로 일을 진행하지 못할 때가 있습니다. 정신을 차리고 보면 시간이 훌쩍 지나가 있을 때도 종종 있습니다. 느긋한 생활을 즐기고 싶어 하는 타입입니다.

옷차림: 내추럴하고 심플한 옷을 즐긴다. 지나치게 화려한 옷이나 화학섬유를 사용한 옷은 선호하지 않는다.

책상: 책상 위에 물건이 많이 올라와 있기는 하지만, 잘 정리되어 있다.

식사: 특정한 음식을 맛있게 먹는다.

자세: 턱이 들리기 쉽다. 입을 벌리고 있을 때도 있다.

몸 상태가 좋을 때: 자신의 의견을 끝까지 말할 수 있고, 스스로 정한 일을 포기하지 않는다.

스트레스를 받았을 때: 움직이지 않는다. 이불 밖으로 나가지 않는다. 반응을 잘 하지 않는다.

인접 유형의 영향: ⑧번 유형의 요소가 강하면 활력이 넘치고 사교성이 좋아지지만, 갑자기 기분이 나빠질 때도 있다. ①번 유형의 요소가 강하면 이상적으로 생각하는 자신만의 틀이 확고해지고, 도덕을 중시하는 경향이 있다.

　○ 옷차림부터 말버릇까지, 사람의 성격을 파악하는 열두 가지 포인트

'성격'이란
과연 무엇인가?

　자, 이처럼 성격에는 아홉 가지 유형이 있습니다. 여러분은 자신이 어디에 해당한다고 느끼십니까?

　이러한 분류에 대해 잠시 이야기하자면, '애초에 내 성격을 이런 식으로 멋대로 분류하는 것이 불쾌하다'라고 생각하시는 분들도 있을 것입니다. 맞는 말입니다. 누군가가 자신의 삶을 얕게 들여다보고 섣불리 판단하는 것 같아 화가 날 수도 있습니다.

　여러분이 생각하는 대로 이러한 분류가 전부를 나타내지 않습니다. 어느 면에서는 ②번 유형에 해당하지만, ④번 유형에 해당하는 면도 있고, ⑨번 유형에 해당하는 것 같기도 하고… 이런 식으로 몇 가지 유형이 모두 자신에게 해당된다고 느끼는 사람도 있을 것입니다. 아마 대다수가 그렇게 생각할 것입니다.

그렇다면 이런 성격 분류를 어떻게 받아들여야 할까요?

애초에 이러한 분류 자체가 흑백논리처럼 명확히 구분되지 않습니다. 결코 '이 사람은 이 유형에 해당하는 특징밖에 없어'라는 뜻이 아니라는 것입니다. 그러데이션과 같다고 생각하면 좀 더 이해하기가 쉬울 것입니다. 중심이 되는 유형 주위로 다른 유형의 특징이 나타나는 경우도 있습니다. 앞서 말했듯 그중에서도 <u>이웃한 숫자의 유형에 해당하는 요소가 나타나는 경향이 있습니다</u>(예를 들자면 ②번 유형에 해당하는 사람에게는 ①번 유형과 ③번 유형의 특징이 반영되기도 하는 것입니다).

세세한 부분은 크게 신경 쓰지 말고, 자신의 본질적인 행동 원리를 파악하는 것이 무엇보다 중요합니다. 자신의 본질을 나타내는 유형이 아홉 가지 유형 중에 반드시 하나는 있기 마련입니다.

이를 간파하는 방법의 핵심은 '무의식중에 자신의 진짜 성격이 나온다'라는 것입니다. 옷, 책상, 메모, 메뉴 선정, 말버릇 등 이제껏 성격을 엿볼 수 있는 다양한 포인트에 대해 이야기해 왔는데, 사실 우리가 '좋았어, 이렇게 하자!'라는 마음을 먹고 의식적으로 하는 행동은 후천적인 영향을 더 크게 받는 경우가 많습니다. 그렇기 때문에 아무 생각도 하지 않고 무의식적으로 취하는 행동을 관찰해야만 자신의 타고난 성질을 더 쉽게 파악할 수 있습니다.

타인의 성격은 쉽게 알 수 있다고 설명한 것도 이런 이유에서 입니다. 자신이 무의식적으로 하는 행동을 알아차리기 어렵지만, 다른 사람이 무의식적으로 하는 행동은 쉽게 관찰할 수 있으니 말입니다.

자신이 무의식적으로 어떤 행동을 하고 있는지 파악하려면 자신이 다른 사람을 관찰하면서 이제껏 '느낀 점'을 꼼꼼히 살펴봐야 합니다. 다른 사람의 행동이나 가치관을 관찰할 때, 크게 공감한 점이나 부정적으로 느낀 점 등을 조목조목 적어 놓는 것이 도움이 됩니다. 그때 자신이 반응을 보인 이유가 '자신과 본질적으로 가깝게 느껴서인지' 아니면 '자신도 그렇게 되고 싶은 마음이 들어서인지' 혹은 '마치 자신의 모습을 보는 것 같아 불쾌해졌는지', '자신의 콤플렉스를 건드려서 싫었던 것인지' 그 상황을 좀 더 깊이 파고드는 습관을 길러 보시기 바랍니다. 그러면 자신의 행동 원리를 좀 더 쉽게 파악할 수 있게 될 것입니다. 자신의 본질을 알고 나면 어느 선까지는 타협할 수 있고, 그 이상은 불가능하다는 기준이 생기기 때문에 다른 사람과의 관계가 좀 더 원만해집니다.

다음 장에서는 이러한 성격의 유형별 차이가 어떠한 행동으로 나타나는지, 이때 어떤 행동 원리가 작동하는지 구체적인 사례를 통해 살펴보려고 합니다.

> 다른 사람을 관찰하는 순서

STEP 1. 겉모습

• 옷이 주는 인상, 소재, 색상, 특징적인 아이템 등을 빠르게 훑어본다.

• 수업이나 모임 등에서 어느 자리에 앉는지, 책상 같은 사적인 공간을 어떻게 사용하고 있는지를 본다.

STEP 2. 커뮤니케이션

• 자기주장을 내세우는 편인가? 다른 사람의 의견에 맞추는 편인가? 대화에 무관심한 편인가? 질문에 대한 반응 속도는 어떤가? 체크해 본다.

STEP 3. 대화 내용

• 상대방이 중시하는 것은 무엇인가? 재미? 이득과 손실?

• 대화 주제가 무엇인가? 이야기를 이리저리 건너뛰는가? 대화가 논리적인가? 과거의 이야기를 하는가?

• 특징적인 키워드나 말버릇은 무엇인가?

3장

그 사람은 왜 그렇게 행동할까?
행동 원리를 찾아라!

드러난 행동 뒤에 숨은
'행동 원리'

지난 2장에서는 인간 관찰의 기본과 성격을 분류하는 기준이 되는 아홉 가지 유형을 소개했습니다. 이번 3장에서는 인간 관찰을 하는 도중에 판단을 망설이게 되는 상황이 발생하면 어떻게 해야 하는지, 특정 유형의 사람과 잘 지내려면 어떻게 말하고 행동해야 하는지 등 2장의 내용을 좀 더 깊게 다루어 보려고 합니다.

사실 모든 말과 행동에는 '욕구'가 존재합니다. 욕구라고 하면 일반적으로 '○○이 갖고 싶어', '○○을 하고 싶어'와 같이 무언가를 바라는 것이라 생각하기 쉽습니다. 그렇다면 무언가를 하고 싶어 하는 욕구는 대체 왜 생기는 것일까요? 여러분은 그 이유에 대해 생각해 보신 적이 있습니까?

무엇이 인간에게 욕구를 불러일으키는지 추적해 보면 그 근원에 '공포'가 있다는 사실에 도달하게 됩니다. 이처럼 각기 다른 성격 유형이 존재하는 이유는 그만큼 '이것만큼은 싫다'라고 느끼는 공포의 종류가 다양하기 때문입니다. 이러한 공포에서 벗어나기 위해 무언가를 하고 싶어 하고, 무언가를 해야만 한다는 욕구가 생기는 것입니다.

각각의 유형에 숨어 있는 근원적인 공포는 다음과 같습니다.

①번 완벽형: 틀리는 것, 결함이 있다고 느끼는 것

②번 조력형: 다른 사람에게 사랑받지 못하는 것

③번 성취형: 자신은 가치가 없다고 느끼는 것

④번 독창형: 자신은 특별하지 않다고 느끼는 것

⑤번 탐구형: 다른 사람에게 도움이 되지 못하는 것, 무력감을 느끼는 것

⑥번 안전형: 안전하지 않다고 느끼는 것, 다른 사람과 같지 않은 것, 미움을 받는 것

⑦번 낙천형: 부정적인 일을 당하는 것, 즐거움을 빼앗기는 것

⑧번 리더형: 상처받는 것, 지배당하는 것

⑨번 조화형: 자신만의 세계가 파괴당하는 것

①번 유형인 '잘하고 싶어 하는' 완벽형의 사람에게는 말 그대로 완벽주의자와 같은 성향이 있습니다. 이런 사람들은 근본적으

로 '틀리는 것'을 두려워합니다. 그래서 자신이 틀린 길을 가지 않도록 올바름을 추구합니다. 다른 유형처럼 이러한 공포에서 벗어나기 위해 욕구가 생겨나고, 그러한 욕구에 따른 행동들이 특징으로 나타납니다.

인간의 행동 원리는 컴퓨터나 스마트폰의 운영 체제 같은 것이라고 설명했었는데, 사실은 이런 시스템으로 움직이는 것입니다. 같은 인간, 같은 국민, 같은 조직에 속한 동료, 같은 가족이라는 이유로 전부 '똑같이 생각할 것'이라는 생각은 버려야 합니다. 사람마다 맡은 기능이나 역할이 다릅니다. 이렇게 생각하면 서로를 좀 더 이해하고 관계를 진전시켜 나갈 수 있을 뿐만 아니라 자신의 마음도 편해질 것이라 생각합니다.

예를 들어 여러분 자신을 전기밥솥이라고 생각해 봅시다. 여러분에게는 '밥을 짓는' 기능이 있고, 그 세계에서는 최선을 다해 왔습니다. 영양밥도 지을 수 있고 죽도 만들 수 있습니다. 그런데 어느 날 '냉장고'라는 녀석을 만났습니다. 그 녀석은 음식 재료를 차갑게 보관하거나 냉동하는 일을 잘한다고 했습니다. 이런 두 사람이 서로의 차이점을 인정하지 않으면 이런 일이 벌어집니다.

전기밥솥: "야, 밥 짓는 건 기본이지."

냉장고: "뭐래, 밥을 짓는 건 머저리들이나 하는 짓이지. 넌 음식을 차갑게 만들 줄 모르지?"

상대방의 본질이나 기능, 역할을 이해하지 못한 상태에서 대화를 나눈다는 것은 결국 이런 이야기와 다를 바 없습니다. 서로 아무리 더 잘났다고 으스대 봤자 결론이 나지 않습니다. 또 성격이라는 것은 시간이 흐를수록 '성장'하기 마련입니다. 자라면서 자신의 타고난 본질을 그대로 유지하는 경우는 거의 없으며, 특히 부모의 성격에서 큰 영향을 받습니다.

음식을 데우는 일을 잘하는 '낙천적인' 성격의 전자레인지가 '리더 기질이 강한' 냉장고 부모 밑에서 자란다고 생각해 봅시다. 그러면 다음과 같은 일이 벌어집니다.

(부모) 냉장고: "전자레인지야, 가전 기기라면 음식을 차갑게 식힐 줄 알아야 하는 법이야."

(아들) 전자레인지: "그렇구나! 차갑게 식히지 못하는 가전 기기는 쓸모가 없는 거구나."

이런 식으로 자식은 부모의 성격 유형이 지닌 사고방식에 맞추어 생각하게 됩니다. 어떠한 유형의 부모와 자식이 만났느냐에 따라 내버려 두어도 저절로 잘 굴러가는 가족도 있고, 서로를 이해하기 위해 많은 노력을 기울여야 하는 가족도 있습니다.

지금 성격 때문에 고민 중인 사람이나 울적한 사람, 혹은 감정 기복이 심하게 느껴지는 사람은 어쩌면 자라난 환경 등의 영향으로 자신의 본질을 제대로 이해하지 못하고 있는 것일 수도 있습니다. 자신의 본질과는 전혀 다른 방향으로 성격이 성장해 버렸을 가능성이 있다는 뜻입니다. 이런 사람 중에는 이러한 거북함을 참지 못하고 자신을 더 옭아매는 경우도 있습니다. 다른 사람을 관찰하면서 자신의 본래 모습을 한번 떠올려 보고, 이를 바탕으로 앞으로 어떻게 행동해 나가야 할지 결정해 보시기 바랍니다.

이해하기도 전에 "맞아!"라고 맞장구치는 친구의 마음

어느 날 친구와 함께 드라이브를 나갔습니다. 운전하다가 저 멀리 펼쳐진 꽃밭을 발견한 저는 "우와, 근사하다!"라고 감탄했습니다. 그러자 조수석에 앉아 있던 친구가 곧바로 "정말이네!"라고 말했습니다. 하지만 그 친구는 꽃밭이 아닌, 다른 방향을 보고 있었습니다.

이처럼 '곧바로 다른 사람의 의견에 동조하는 것'은 ②번 유형인 '해 주고 싶어 하는' 조력형에게 나타나는 특징입니다. 이 에피소드를 다른 사람들에게 소개하자 ②번 유형인 사람들에게서 곧바로 "아, 그런 거구나!", "맞아, 맞아! 정말 그래!"라는 식의 반응이 나왔습니다.

이처럼 빠르게 반응하는 모습을 보고 '자기 의견이 없는 사람이네'라든가 '빈말 아니야?', '속으로는 절대 그렇게 생각하지 않을걸?'이라고 느끼는 사람도 있을지 모르겠습니다. 하지만 이들의 심정을 대변하자면, 그들은 정말 그렇게 느끼는 것입니다. 그것도 매번 말입니다. 심지어 이런 말까지 합니다. "상대방의 마음을 헤아려 주고 싶어.", "혹시 내가 상대방의 심정을 이해해 주지 못하는 건 아닐까 싶어." 이런 사람들의 행동 원리는 '남들을 배려하는 사람으로 계속 남아 있는 것'을 기반으로 합니다. '사랑하는 사람 곁에 있어 주고 싶다'라는 기준이 있는 것입니다.

언젠가 수업에 참여한 수강생의 절반이 ②번 유형, 나머지 절반은 논리적 사고를 중시하는 ①, ③, ⑤, ⑧번 유형으로 극명하게 갈린 적이 있었습니다. 앞서 소개한 일화를 수강생들에게 이야기하고 "여러분은 어떻게 생각하시나요?"라고 물어보았습니다.

그러자 논리적 사고를 중시하는 그룹에서는 "상대방의 말을 이해한 후에 대답했으면 좋겠어요.", "모르면 좀 물어봤으면 좋겠어요.", "생각이 없는 사람처럼 느껴져요."라는 반응이 나왔습니다.

반면 ②번 유형이 모인 그룹에서는 "자신의 말에 바로 대꾸해 주면 기쁘지 않나요?", "호응을 잘 해 줘야 분위기도 더 좋아지잖아요."라는 의견이 쏟아졌습니다. 그러다 ②번 유형 그룹에서 "대화하다 끊기면 뭔가 말실수라도 한 건 아닌가 싶어 불안해지잖아요."라는 의견이 나오자 논리적 사고를 중시하는 그룹도 그제야 "아, 그런 원리인가요?"라고 이해한 듯했습니다.

②번 조력형의 사람은 상대방이 잠시도 떨어지지 않고 곁에 있

어 주면 안심하지만, 반대로 곁에 없거나 멀리 떨어져 있거나 사이가 조금이라도 멀어지면 불안해합니다. 앞서 소개한 일화의 경우, 애초에 제가 "우와, 근사하다!"라고 외친 후 "저것 좀 봐, 오른쪽에 꽃밭이 있어."라고 제가 본 것을 그 친구에게 보여 주었다면 친구와 좀 더 깊은 대화를 나눌 수 있었을 것입니다.

상대방과 대화를 주고받다가 '어, 뭐지?'라는 위화감을 느꼈을 때는 먼저 '상대방에게는 자신과 다른 행동 원리가 작용하고 있다'라는 사실을 떠올리기 바랍니다. 만약 상대방에게 바라는 것이 있는 상황이라면 상대방에게 자신이 대화하다 느낌 감정과 그 이유를 함께 전달해 봅시다. 그러면 서로를 좀 더 이해하게 되어 이견을 좁히기 훨씬 수월해질 것입니다.

'최첨단', '명품 브랜드', '성공'에 끌리는 사람의 특징

예전에 어느 패션 브랜드 매장에서 일한 적이 있습니다. 어느 날, 본사에 가는 길에 셔츠 단추를 두 개, 아니 세 개 정도까지 푸르고 태닝을 한 멋진 상사가 물었습니다.

"넌 브랜드가 뭐라고 생각해?"

상사는 그렇게 묻더니 브랜드 로고를 손가락으로 가리켰다 감추었다 하면서 말했습니다.

"바로 이 로고야, 로고! 여기에 가치가 있는 거라고."

이처럼 명품 같은 '고급스러운 이미지의 물건'을 좋아하는 것이 ③번 유형인 '목표 달성에 가치를 두는' 성취형의 특징입니다.

'고가의 명품 브랜드', '최고', '성공한 사람', '일류' 같은 이미지를 동경하고, 여기에 조금이라도 가까워지려고 노력하는 것이 이들의 행동 원리입니다. 이런 유형의 사람은 '비전을 가져라'라는

바로 이 로고야, 이 로고

메시지에 크게 공감하며, 항상 높은 비전을 좇으려고 노력합니다.

단, 노력하는 과정을 남들에게 드러내는 일이 거의 없으며, 남몰래 끊임없이 노력한 후 잘 나온 결과만을 사람들에게 보여 주는 경향이 있습니다. 또 '자기 관리를 잘하는 사람'이라는 이미지도 좋아하기 때문에 '미란다 커가 마시는 식초'라는 광고를 보면 따라서 마셔 보기도 하고, '실리콘밸리의 창업가가 철인 3종 경기를 한다더라' 같은 말을 들으면 자신도 직접 해 봅니다. 일할 때도 땀 흘리며 일하기보다는 효율성을 높일 수 있는 시스템을 구축하는

데에 신경을 씁니다. 합리적이면서도 세련되고 품위 있는 사람이
되는 것. 이것이 그들의 행동 원리입니다.

문제점이 하나 있다면 ③번 유형의 성격이 강해질수록 '다른
누군가'가 되려는 성향이 생긴다는 것입니다. 이상적인 비전을
목표로 자신을 철저히 몰아붙이며 결과를 내려고 하다 보니 노력
을 할수록 점점 자신의 본래 모습에서 멀어져 버립니다. 이때 주
변 사람을 보면 자신이 본래의 모습에서 얼마나 멀어졌는지 알
수 있습니다. 주변에 온통 자신과 이해관계가 일치하는 사람밖에
없다는 느낌이 들었을 때, 그 순간이 바로 잠시 멈추어야 할 기점
일 수 있습니다.

③번 유형인 사람은 인간관계조차 손익을 따지는 경향이 있으
며, 스트레스를 많이 받을수록 그러한 경향이 더 강하게 나타납
니다. 그렇기 때문에 다른 사람들이 불쾌하게 생각할 수도 있습
니다. 단, 그들은 이러한 성격을 지닌 덕분에 남들이 생각하지 못
하는 감각적인 제품이나 새로운 시스템, 편리한 서비스를 개발해
낼 수 있습니다.

꼭 그들만큼 열심히 살 필요는 없지만, 그런 사람들을 '우와,
대단하네!'라고 긍정적인 시선으로 바라볼 수 있는 여유가 생긴
다면 적당한 거리를 유지하면서 좋은 관계를 맺을 수 있을 것입
니다.

'어떻게 생각해?'라는
질문을 들으면 얼어 버리는 사람의 특징

옷이나 영화 등 좋아하는 것을 주제로 이야기하거나 논쟁 혹은 다툼을 벌이다 보면 상대방에게 의견을 물을 때가 있습니다.

"네 생각은 어떤데?"

"이 부분에 대해 넌 어떻게 생각해?"

하지만 이렇게 감정적이거나 감각적인 것에 대한 질문을 받으면 말 그대로 얼어붙어 버리는 사람이 있습니다. 바로 ⑤번 유형인 '사실을 추구하는' 탐구형입니다. 이런 사람들은 비교적 과묵하고 표정 변화도 거의 없습니다. 직장에서나 집에서나 그날 있었던 일에 대해 보고를 하지 않으며, 다른 사람을 감정적으로 질책하는 일도 없습니다.

그들의 행동 원리는 '사실을 알기 위해 정보를 수집하는 것'에 있습니다. 객관적으로 봤을 때 자신이 해야 할 일이라는 생각이 들면 그 일에 집중하고 정보를 처리합니다. 자신의 감정조차 '기쁨', '분노'와 같은 개념으로 받아들이기 때문에 쉽게 표정으로 드러내지 않는 것입니다.

이런 유형과 가장 어울리기 힘든 사람이 바로 ②번 유형인 조력형입니다. ②번 유형에 속하는 사람은 정서적 교감을 중시합니다. 다른 사람에게 감정적으로 접근하고, 상대방 또한 비슷한 수준의 감정을 돌려주기를 바라는 것입니다.

그래서 ⑤번 유형과 ②번 유형이 부부가 되면 상대방의 생각을 알 수가 없어 결국 ②번 유형인 사람이 "그러니까 당신은 어떻게 생각하느냐는 말이야!"라며 상대방에게 따져 묻는 상황이 생깁니다. 이런 상황이 닥치면 ⑤번 유형의 사람은 그대로 얼어붙어 버립니다.

상대방이 그렇게 물어도 이제껏 단 한 번도 감정적으로 대응해 본 적이 없어서 어떻게 대답해야 좋을지 모르기 때문입니다. 물론 그렇다고 해서 감정을 전혀 느끼지 못하는 것은 아닙니다. '여기 이 부분이 ○○라서 합리적이라고 생각해'라는 식으로는 대답할 수 있지만, '정말 좋았어! 최고야!'라는 식의 표현을 하지 못할 뿐입니다.

②번 유형뿐만 아니라 감정을 중시하는 사람들의 입장에서 보자면 인간미가 없다는 생각이 들 수 있습니다. 심지어 그런 사람

이 자신의 가족이라면 그러한 관점의 차이가 더 눈에 띌 것입니다. "어떻게 그렇게 말을 할 수가 있어! 상대방의 기분은 생각하지도 않아?"라고 화를 낼 때도 있을 것입니다.

실제로 ⑤번 유형의 배우자를 둔 분에게 "대체 어떻게 해야 하나요?"라는 질문을 받기도 했습니다. 그런 분을 상담할 때는 "상대방에게 무언가를 '기대'해서 부담을 주지 마세요."라고 말씀드립니다. "제대로 좀 했으면 좋겠어."라는 말처럼 상대방에게 기대를 거는 행동이 오히려 ⑤번 유형의 사람에게 큰 스트레스로 작용해 두 사람의 관계가 더 악화될 수 있기 때문입니다.

또 그 점에 대해 질책하거나 "내가 얼마나 힘들지 생각 좀 해봐!"라고 감정적으로 호소해서도 안 됩니다. 이러한 집착이 강해질수록 상대방은 오히려 점점 더 거부감을 느껴 사이가 멀어지고 맙니다. 상대방을 질책하지 않고 '가만히' 내버려 두시기 바랍니다. 그러면 오히려 상대방이 조금씩 다가올 것입니다.

⑤번 유형의 사람들은 사실 인내심이 강하며, 바르고 성실합니다. 그들이 지닌 좋은 면에 더 집중한다면 다른 유형의 사람에게는 쉽게 찾아볼 수 없는 귀한 장점이 있다는 것을 알게 될 것입니다. 그들은 눈치껏 행동하지는 못하지만, 구체적으로 부탁하면 움직여 줍니다.

예를 들어 배우자가 아이를 돌보아 주기를 바라는 상황이라면 "아이가 이러이러할 때는 이렇게 하고, 저러저러할 때는 저렇게 해."라고 지시를 구체적으로 내려 보십시오. 가능한 범위 내의 일을 시키고, 그 일을 끝마치고 난 다음에는 결과에 상관없이 고맙다고 표현하는 것이 좋습니다. 실제로 많은 부부가 이 방법으로 관계를 개선했습니다.

'나 때는 말이야'를 달고 사는
꼰대 부장님의 머릿속

"나 신입사원일 때는 말이야, 그런 건 당연한 일이었다니까. 그 회의 때 말이지….”

술자리에서 족히 20년은 지난 신입 시절 이야기를 마치 지난주에 있었던 일처럼 길게 늘어놓는 사람을 한 번쯤 본 적 있지 않으십니까? <u>과거의 일을 생생하게 기억하는 사람은 ⑥번 유형인 '시뮬레이션을 하는' 안전형일 가능성이 큽니다.</u>

⑥번 유형의 사람은 '위험 회피'를 중시합니다. 그래서 미래에 대해 자주 상상합니다. 이렇게 말하면 '어? 그럼 과거의 이야기를 늘어놓는 사람이 아니지 않나?'라는 생각이 들 수 있습니다.

사실 ⑥번 유형인 사람의 의식은 과거와 미래를 오갑니다. '마음은 그 시절 그대로'지만, 미래에 대해 이런저런 생각을 하며 불안해하는 것이 이 유형의 특징입니다. 이는 현실에 대해 생각하는 시간이 부족해지기 쉽다는 뜻이기도 합니다. 과거에 있었던 일이나 미래에 일어날 수도 있는 일을 시뮬레이션하는 데에 두뇌를 전부 사용하고 있기 때문입니다.

시뮬레이션하다 보면 '이렇게 되면 어떻게 하지, 저렇게 되면 어떻게 하지', '정말 괜찮을까?', '실패하면 어쩌지?', '하지만 이 경우에는 이렇게 될지도 모르는데…'라는 식의 부정적인 생각이 점점 많아집니다.

이러한 특성이 나타나는 것은 이들이 위험 회피의 달인이기 때문입니다. 늘 최악의 상황을 상정하고, 그렇게 되지 않도록 보험을 걸어 두는 스타일입니다. 이런 유형의 사람이 리더를 맡는 회의는… '일단 길어지는' 특징이 있습니다. 회의가 길어질수록 안심을 하는 사람도 적지 않습니다. 이것도 안 되고 저것도 안 된다며 불안 요인을 늘어놓는 것이 오히려 이러한 유형의 사람들에게는 마음을 안심시키는 행동이기 때문입니다. 그래서 행동력은 좀 떨어지지만, 다른 사람을 보조하는 역할에는 뛰어나기 때문에 눈치껏 행동하면서 여러 방면으로 지원을 합니다.

이렇게 설명하면 '알 듯 모를 듯한 성격이네' 싶겠지만, 그들의 행동 원리를 알고 나면 좀 더 잘 이해할 수 있을 것입니다. <u>안전형인 ⑥번 사람의 행동 원리는 한마디로 말해서 '나쁜 사람이 되어서 사람들에게 미움받기 싫다'라는 것입니다.</u> 책임을 지기 싫어하는 것도 단순하게 말하자면 '미움받기 싫은' 공포가 만들어

낸 욕구입니다.

②번 유형인 조력형과 비슷한 면이 있지만, ②번 유형이 '다 같이 신나고 즐겁게 지내는 것이 행복!'이라는 가치관을 가진 것에 비해 ⑥번 유형은 '우리는 운명 공동체야!'라는 마치 팀 스포츠와 같은 연대감을 중시합니다.

'모두가 하나!'를 외치는 마음의 근본에는 '사람들에게 신뢰받지 못하는 자신'이 숨어 있습니다. 오래전 일을 마치 어제 일처럼 떠들어대는 것도 'OO부였을 때', 'OO에 살았을 때', 'OO에 근무했을 때'와 같은 과거의 경험을 떠올리는 것이 자신에 대한 사람들의 신뢰를 회복시키는 계기가 되기 때문입니다.

이러한 특성 때문에 ⑥번 유형의 사람은 ⑧번 유형인 '리더형'과 잘 맞습니다. ⑧번 유형의 사람은 '자신이 무조건 옳다'라고 자신만만하게 주장하기 때문에 조직의 윗선에 그런 사람이 있으면 ⑥번 유형의 사람은 그를 열심히 보좌하면서 능력을 발휘합니다. 이 유형의 사람들이 일하는 방식은 말 그대로 '곁에 있는 사람을 편하게 만들어' 줍니다. '24시간 영업'이나 '연중무휴'처럼 소비자들이 편리하게 이용할 수 있는 문화가 생겨날 수 있었던 것은 바로 이런 유형의 조력자들이 있기에 가능한 것이었습니다.

단, 이런 유형의 사람들은 변화에 매우 취약하므로 이들에게 무언가를 제안할 때는 위험을 충분히 회피할 수 있다는 점을 제시하는 것이 중요합니다.

안하무인 탐욕주의자로 보이는 사람의 내면에 숨은 겁쟁이

"네 것도 내 것, 내 것도 내 것."

이 말은 만화 〈도라에몽〉의 등장인물 퉁퉁이가 한 말로, 탐욕주의자의 생각을 잘 나타내고 있습니다. 탐욕주의자들의 세계에서는 '힘을 보이는 것'이 매우 중요하기 때문에 그들은 쓸데없이 싸움을 겁니다. 불이 없는 곳에 일부러 불씨를 던지는 이미지를 떠올리시면 됩니다. 그들은 힘을 자랑하기 위해 큰 소리를 내고, 일부러 문을 요란하게 닫거나 물건을 부수기도 합니다.

이렇게 막무가내로 구는 탐욕주의자들은 ⑧번 유형인 '그야말로 리더'인 리더형에 해당합니다. 절대적인 자신감을 가지고 행동할 수 있는 사람들로, 이들은 '다른 사람 위에 서는 것'을 목적으로 합니다. 예를 들어 이런 유형의 사람이 사장이나 임원으로 있으면 남들 앞에서 "야!"라든가 "당장 와서 이것 좀 해!"라며 큰 소리로 부하 직원을 불러 댈 것입니다.

흥미로운 점은 이러한 행동들을 기본적으로 '다른 사람들이 듣고 있는 자리에서 하는' 경향이 있다는 것입니다. 즉 '내가 이렇게 힘이 세다'라는 것을 보여 주는 일종의 퍼포먼스인 셈입니다. 폭주족이 전기차처럼 소음이 없는 차를 몰지 않는 것처럼, 어디까지나 자신의 존재감을 과시하려는 목적이 있습니다.

이런 유형의 사람은 <u>호쾌하고 무슨 일에나 대범해 보이지만, 사람을 '아군과 적군', '승리와 패배'라는 관점에서 바라보기 때문에 누구에게 자신의 힘을 과시하는 것이 좋을지 미리 조사합니다.</u> 마음에 들지 않는 일이 있을 때는 수면 아래에서 정보를 조작하거나 아군을 늘리기 위해 심리전을 펼칠 때도 있으며, 남들이 알아차리지 못하게 조용히 움직일 때도 있습니다.

⑧번 유형이 지닌 성격은 이를테면 야생동물에 가깝습니다. 감각이 예민해서 누가 가르쳐 주지 않아도 '강자'와 '약자', '자신에게 이득이 될 만한 사람'을 알아차립니다. 어째서 이들은 이렇게 감각이 예민한 것일까요? 그것은 사실 내면에 '겁쟁이'가 있기 때문입니다.

이들은 자신이 위에 서지 않으면 다른 사람에게 공격당할 수도 있다는 공포가 남들보다 훨씬 큽니다. 이러한 공포로부터 자신을 지키려고 일부러 힘을 과시하는 것입니다. 하지만 그렇다고 이들에게 인망이 전혀 없는 것은 아닙니다. 오히려 상태가 좋을 때는 〈도라에몽〉 극장판에서 퉁퉁이가 보여 주는 모습처럼 동료들을 지키기 위해 최선을 다하는 멋진 리더가 됩니다. ⑧번 유형의 리더가 늘 좋은 상태에서 열심히 활약하는 조직은 부하들의 사기 또한 높아집니다.

하지만 스트레스가 극심해지면 싸움을 걸거나 고함을 지르며 거친 행동을 하기도 하고, 뒤에서 몰래 일을 꾸미기도 합니다. 이런 ⑧번 유형의 사람을 ③번 유형인 '목표 달성에 가치를 두는' 성취형과 구별하기 어려워하는 사람이 있을 수도 있습니다.

대략적으로 구분하자면 ③번 유형은 '스마트한 합리주의자'입니다. 최소한의 노력으로 효율적인 결과를 얻는 선택을 합니다. 그러므로 자신의 수족을 움직이기보다는 두뇌나 인맥 등을 동원해 '결과를 낼 수 있는 시스템'을 구축하려 합니다. 오늘날 유럽이나 미국에서 성공한 사람들의 이미지에 가깝다고 볼 수 있습니다. 이들은 먼저 싸움을 걸지도 않습니다.

하지만 ⑧번 유형은 '호쾌한 합리주의자'에 가깝기 때문에 '자신의 수족과 감을 이용해 돈을 벌어들이는' 조금 고전적인 방법도 마다하지 않습니다.

또 ③번 유형의 사장이 설립한 회사는 외래어가 들어간 조금 세련된 느낌의 명칭이 많지만, ⑧번 유형의 사장은 회사 명칭에 자신의 이름을 넣는 경우가 많습니다.

자신이 이상적으로 생각하는 사람처럼 되고 싶어 열심히 노력하는 ③번 유형과 어디까지나 자신의 힘을 과시하고 싶어 하는 ⑧번 유형. 이들은 좋은 결과를 얻고 싶어 한다는 공통점이 있기는 하지만, 접근 방식이 전혀 다릅니다.

이러한 관점에서 길에서 보이는 회사나 빌딩의 명칭 등을 관찰하며 그곳을 소유한 사람의 성격을 어느 정도 상상해 보는 것도 재미있을 것입니다.

'요리할 때마다 맛이 달라지는' 사람의 특징

저는 한때 요리를 잘한다는 착각에 빠져 요리연구가가 되기를 희망한 적이 있었습니다. 요리연구가에게는 '안정된 맛을 낼 수 있는 레시피를 만들기 위한 세심함'이 필요하다는 것을 알고 이러한 제 착각이 깨지고 말았습니다.

레시피를 개발하려면 몇 큰술, 몇 작은술, 몇 그램 등 모든 재료를 세세하게 설정해야 하지만, 저는 이제껏 요리하면서 '큰 숟가락은 간을 보는 용도' 정도로만 생각한 사람이었습니다. 요리책을 펼친 다음 어느 정도 알겠다 싶으면 '아, 이런 식으로 하는 거구나' 하고 요리를 시작했습니다. 중간에 재료를 하나 빠뜨려도 '뭐… 괜찮겠지?' 하고 넘겼기 때문에 똑같은 요리를 만들어도 어제 만든 요리와 오늘 만든 요리의 맛이 다른 것을 당연하게 여기고, 오히려 맛이 너무 똑같으면 쉽게 질리는 편이었습니다. 본격적으로 요리 공부를 시작한 후에야 이런 제 성격을 깨달았습니다. 결국 얼마 지나지 않아 요리의 길을 포기했는데, 이런 성격인 저는 ⑦번 유형, '새로운 모험을 즐기는' 낙천형에 속합니다.

예를 들어 프렌치 레스토랑이라는 간판을 걸어 놓고 생선구이 정식을 파는 곳이나 매일매일 새로운 반찬을 열 가지가 넘게 만드는 곳처럼 '대체 여기는 무슨 음식을 파는 데야?'라는 생각이 드는 식당은 그 주인이 ⑦번 유형일 가능성이 큽니다. 그 주인과 같이 모험을 좋아하는 사람들은 이해할 수 있겠지만, 어느 식당을 가든 그곳의 '대표 메뉴'를 선호하는 사람들은 점차 발길을 끊을 수도 있습니다.

이러한 특징에서도 알 수 있듯이 ⑦번 유형에 속하는 사람은 '한 가지 일을 진득하게 하지 못하고' 여기저기 관심을 보이기 때문에 한 분야를 깊이 파기도 전에 또 다른 일을 시작하는 경향이 있습니다. 그래서 깊이 있는 공부를 하지 못하고 지식이 얕고 넓어지기만 해서 결과적으로 일이 주는 진정한 재미를 깨닫지 못하는 어려움이 있습니다. 이런 유형의 사람이 어떤 일에 푹 빠지려면 게임이나 놀이처럼 적절한 재미를 줄 수 있는 요소가 들어가야 합니다.

<u>이런 유형의 사람은 '해야만 한다.'라는 의무감이나 규칙을 강요하면 단번에 의욕을 잃고, 현실 도피를 시작합니다.</u> 싫어하는 일에서 벗어나기 위해 또다시 새로운 무언가를 시작하고 그러다

다시 질려 버리는 과정을 반복하고 맙니다. 다만, 이런 유형의 사람들은 상태가 좋을 때 '이거다!' 싶은 일을 발견하면 ⑤번 탐구형의 사람처럼 깊이 파고들어 오히려 얕고 표면적인 지식만으로는 만족할 수 없게 됩니다.

이런 유형의 사람에게는 규칙을 강요하지 말고 조금 느슨하게 풀어 주는 것이 좋습니다. ⑦번 유형에 해당한다고 느끼신다면 현실에서 도피하고 있다는 사실을 스스로 깨닫고 현실을 좀 더 즐겁게 바꿀 수 있는 일을 찾기 위해 고민하는 시간이 필요하다는 조언을 드리고 싶습니다.

이 유형은 어린 시절부터 집중력이 떨어지는 경향이 있는데, 신체 근육을 단련하면 집중력을 개선하는 데에 도움이 됩니다. 근육을 단련하면 오 다리나 신체 불균형을 개선하는 효과가 있고, 호흡이 깊어져 집중력이 높아집니다. 무엇보다 '평상심을 유지하는 것'에 큰 효과가 있습니다.

'미스터리한 분위기'를
풍기는 회사 선배의 특징

혹시 직장에 '미스터리한 분위기를 폴폴 풍기는 선배'
가 있지는 않습니까? 무뚝뚝한 것 같다가도 또 어느 때는 상냥하
고, 말을 걸어도 짧게만 대답하고, 뭔가 감추고 있는 듯한 표현을
즐겨 하는 사람. 눈빛이 강렬한 것도 아닌데 묘하게 존재감이 뚜
렷한 사람. 궁금한 마음에 "저, 혹시 제가 도울 일이 없을까요?"
라고 말을 걸고 싶어지지만, 그런 속이 들여다보이는 말은 절대
받아주지 않는 사람.

이렇게 다른 사람은 흉내 낼 수 없는 독특한 분위기를 풍기는
것이 ④번 유형인 '자기 본연의 모습을 지키고 싶어 하는' 독창형
의 특징입니다. ④번 유형에 속하는 사람들은 예술적인 감성이
풍부하고 개성이 넘칩니다. 직접 뭔가를 만들거나 표현하는 창작
활동에도 관심이 많습니다. 이런 사람들이 '사실 난 이런 대접이

나 받고 있을 사람이 아닌데…'라는 식으로 이상과 현실 사이에서 격차를 느낄 때, 앞서 말한 '선배'와 같은 분위기를 풍깁니다.

제 친구 중 하나도 한때 창작 분야의 최전선에서 활약했지만, 출산을 계기로 일을 그만두었습니다. 나중에 어느 사무실에서 시간제 근로자로 일하게 되자 그 친구가 이렇게 말했습니다.

"나… 그냥 전화나 받고 있어. 이게 정말 내가 할 일일까?"

그 말을 들으면 대부분의 유형에 속하는 사람들은 "사무직이 다 그렇지. 전화 받는 게 일이잖아."라고 납득할 수 있지만, ④번 유형에 속하는 사람은 그렇게 느끼지 못합니다. '유일무이한 것'이 그들의 행동 원리이기 때문에 '내가 해야 할 일은 누구나 할 수 있는 일이 아니야'라는 마음을 가지기 쉽습니다.

이런 사람들은 '누구보다 잘할 자신이 있지만, 사실 어느 누구보다도 자신이 없어', '100% 이해받고 싶지만, 그렇게 쉽게 이해받을 수 있는 건 내가 아니야'라는 식의 상반되는 두 마음 사이에서 갈등합니다. 일정 수준까지는 이런 상황을 스스로 이해하고 넘기지만, 스트레스가 극심해지면 이러한 객관성마저 잃게 되어 문제가 심각해질 수 있습니다.

예를 들자면 상대방에게 안아달라고 했다가 갑자기 건드리지 말라는 태도를 취하는 식입니다. 울면서 "가 버려! 건드리지 말라고!"라고 소리치다가 상대방이 진짜로 방을 나서면 등 뒤에 대고 "너한테는 내가 그렇게 쉽게 버리고 갈 수 있는 존재야? 난 살아 있을 가치도 없어!"라고 외치며 마치 드라마에 나올 법한 장면을 연출합니다. ④번 유형은 이런 식으로 다른 사람의 관심을 끌면서 '자신이 살아 있다는 것'을 실감하려는 경향이 있습니다.

이런 사람들은 상태가 심해질수록 더 강한 자극을 추구합니다. 예를 들어 집세가 밀렸는데도 고급 레스토랑에 가서 식사한다거나, 열차의 일등석을 이용하기도 하고, 술독에 빠져 밤낮이 바뀐 생활을 하거나 격렬한 연애를 하는 등 자신을 스스로 궁지로 몰아넣을 때도 있습니다.

만약 이런 사람이 주변에 있다면 그 사람이 하는 말을 있는 그대로 받아들이지 마시기 바랍니다. 함께 다니다가 여러분까지 지쳐 무너지는 것은 그 사람에게 아무런 도움이 되지 않기 때문입니다. 오히려 항상 일정한 거리를 유지하면서 곁에 계속 남아주는 것이 이런 상태를 호전시킬 수 있습니다.

그런 사람이 여러분에게 감정을 쏟아냈을 때, 이를 논리적으로 받아치지 않는 것도 중요합니다. 상대방의 감정을 온전히 받아들이지 못해도 괜찮으니 '응, 그랬구나'라는 심정으로 받아들이는 태도를 보이시기 바랍니다. ④번 유형은 이런 식으로 먼저 마음을 차분히 가라앉혀야 합니다.

"조용히 하라고 했지!"라고
소리치는 엄마의 본심

여러분은 쇼핑몰이나 백화점, 패밀리 레스토랑에서 어린아이에게 주의 주는 부모를 본 적이 있습니까? 그런 사람 중 "엄마가 조용히 하라고 했지!", "뛰지 말라니까!"라며 엄하게 타이르는 사람이 있습니다. 이런 행동은 ①번 유형, '잘하고 싶어 하는' 완벽형에게 많이 나타나는 특징입니다.

①번 유형인 사람의 행동 원리는 '바름'입니다. 이들에게는 주변에 폐를 끼쳐서는 안 되며, 사람은 정해진 규칙을 잘 따르며 살아야만 한다는 생각이 있습니다. 또 그런 사람이 될 수 있도록 성숙한 사람이 앞에서 잘 이끌어 주어야만 한다고도 생각합니다. 이러한 규칙이 아이에게로 향하면 앞서 이야기한 형태로 나타나게 됩니다.

사실 ①번 유형은 '주변 사람들과 잘 어울리면서 그들의 기대에 부응해 나가는' 강점이 있습니다. 그래서 '좋은 엄마', '좋은 아빠', '좋은 사업가' 등 이상적으로 생각하는 뚜렷한 이미지를 가지고 있으며, 사회나 조직의 제약 속에서도 자신을 더욱 절제하고 관리하면서 활약합니다. 하지만 '스스로 무언가를 결정하는 일'에 서툰 면이 있습니다. "자, 지금부터는 뭐든지 자유롭게 해도 돼요!"라는 말을 들으면 어색해 하고, 그 시간을 잘 보내기 위해 기준을 정하는 것이 편하겠다고 생각합니다. 그래서 부모님의 가르침, 조직 내 규칙, 법률, 상식 등의 기준을 준수하는 방식으로 자신을 다스리고 지킵니다. 그리고 그 기준이 매우 엄격하고 금욕적인 사람일수록 다른 사람에게까지 엄격한 태도를 보이기 쉽습니다.

①번 유형에 속하는 사람 중에는 피부 감각이 예민한 사람이 많아서 순면 100%, 리넨 100%, 울 100%처럼 피부에 자극이 적은 소재의 옷을 선호하고, 색상도 블랙, 그레이, 베이지, 화이트처럼 심플한 색상을 좋아하는 경향이 있습니다.

이런 ①번 유형의 배우자를 둔 분이 "어떻게 다가가야 할지 모르겠어요."라며 상담을 요청하신 적이 있습니다. 예를 들어 자녀에게 주의를 주고 있는 ①번 유형의 사람에게 "그렇게 조용히 시킬 것까진 없잖아. 아직 어린애인데."라는 소리를 했다가는 '생각이 없는 사람' 취급을 받고 두 사람 사이에 큰 벽이 생길 수 있으니 주의해야 합니다.

또한 완벽형의 사람은 '틀리는 것'을 가장 두려워하기 때문에 누군가 자신의 행동을 비판하거나 부정하는 것을 견딜 수 없어 합니다. ①번 유형에게서 융통성을 끌어내리려면 일단 그들의 기준을 부정하지 말아야 합니다. 자신이 생각하는 바른 기준으로 상대방이 생각하는 바른 기준에 대항했다가는 오히려 상대방의 기준을 더욱 강화시키는 꼴이 됩니다. 특히 이런 사람들은 주변 사람들이 규칙을 지키지 않는 모습은 어떻게든 참고 넘기지만, 가족처럼 가까운 사람들에게는 참아 온 감정을 더 표출하는 면이 있으므로 주의가 필요합니다. ①번 유형에 속하는 사람 중에는 화를 자주 내다보니 만성위염에 시달리는 사람도 있고, 하도 이를 꽉 물어 두통으로 고생하는 사람도 많습니다(위장이 약해서 먹는 것에 주의하는 경향도 보입니다).

저는 이런 분들에게 사고를 바꾸기보다는 먼저 몸을 충분히 이완하기를 권하고 있습니다. 안으로 말린 어깨를 쭉 펴고 긴장을 풀어 주면 굳게 다물었던 입도 느슨해져서 차츰 자연스러운 모습으로 되돌아갈 것입니다. 하지만 이렇게 몸이 잔뜩 긴장되어 있는 분들일수록 그만큼 경계심도 강하기 때문에 아무리 체형 교정이 목적이어도 다른 사람이 내 몸을 만지는 게 싫을 수 있습니다. 그럴 때는 가족들과 함께 간단한 체조나 스트레칭을 해 보기를 권합니다.

①번 유형의 사람들은 관용을 배우고 나면 호수의 수면처럼 고

요하고 잔잔한 성품을 유지하게 되어 정말 근사한 분위기를 풍기게 됩니다. 마음이 안정되면 누구보다도 든든한 존재가 되는 것이 완벽형의 특징입니다.

도무지 '하고 싶은 일이 뭔지 모르겠는' 친구의 머릿속

"하고 싶은 일이 뭔지 모르겠어…."

배불리 먹을 수 있는 시대에 접어든 지 오래인 현대 사회에서는 직업이 단순히 '먹고살기 위한 것'이 아니라 조금 더 넓은 의미를 가지게 되었습니다. '아무 일이나 하지 말고 자신이 진짜 하고 싶은 일을 하라'라는 메시지도 이제는 일반적인 생각이니 말입니다. 하지만 하고 싶은 일을 일찍 정하는 사람이 있는 반면, '그렇게 말해도 난 내가 무슨 일을 하고 싶은지 모르겠단 말이야…'라고 고민하는 사람도 있습니다. 후자의 경우처럼 무슨 일을 하고 싶은 건지 모르는 것'이 ⑥번 유형인 '시뮬레이션을 하는' 안전형에게 자주 나타나는 특징입니다.

⑥번 유형인 사람과 앞으로 하고 싶은 일에 대해 이야기를 나누면 대부분 이런 말을 합니다.

"정말 하고 싶은 일이냐고 하면 또 그렇게까지 하고 싶은 건 아니고…."

⑥번 유형의 사람에게서 이런 말이 나왔을 때, 이는 실제로 다른 누군가가 "그게 정말 네가 하고 싶은 일이야?"라고 물었다는 뜻이 아닙니다. '너의 최종 결론을 물어본 사람이 대체 누구야!'라고 따지고 싶어지지만, 이러한 태도는 안전형의 사고회로를 생각하면 이해할 수 있습니다.

그들의 머릿속에서 열리는 회의에서는 항상 '기준'에 대한 심의가 이루어집니다. 예를 들어 "이거 좋아해?"라는 질문을 받으면 안전형은 다음의 두 가지 기준으로 생각합니다.

첫 번째 기준은 '좋아한다는 건 이런 걸까?'라는 '상상 속의 기준'입니다. 또 다른 기준은 자신의 실제 경험을 돌이켜 보는 '과거의 기준'입니다. 상상(미래)과 경험(과거)을 오가면서 '그래, 이런 게 좋아한다는 거구나'라는 기준을 설정하고, 그 기준을 충족시키지 못하는 것은 '좋아하는 것'으로 인정하지 않기로 합니다. 다만 이러한 기준에는 아직 경험하지 못한 상상 속의 기준이 절반 이상 포함되어 있기 때문에 매우 엄격합니다. 머릿속에서 펼쳐지고 있는 회의에서 "있잖아, 그게 정말 좋아?", "좋아한다는 건 좀 더 열렬한 감정이 아닐까?"라는 의견이 들립니다.

결국 ⑥번 유형의 사람은 이렇게 결론을 내립니다.

'싫어하지는 않아.'

> 열마전에도 그랬잖아
> 그럴 수도 있지 뭐
> 실패하면 어쩔래?
> 점심 뭐 먹지?

머릿속이 극심한 혼란 상태에 빠지기 쉽다

⑥번 유형의 요소가 적은 사람들은 틀림없이 '그게 대체 뭐야! 어느 쪽이냐고!'라고 느끼겠지만, 그것은 이들의 책임감이 강하기 때문에 벌어지는 일입니다. 안전형은 그렇게 쉽게 좋아한다는 표현을 하지 못합니다.

이처럼 '좋다'와 '싫다'라는 두 개의 선택지 가운데 하나를 고르는 것조차 이들에게는 어려운 일입니다. 그런 사람이 '하고 싶은 일이 뭐야?'처럼 선택지가 거의 무한에 가까운 질문에 답하려니 그야말로 머릿속이 극심한 혼란 상태에 빠져 버리는 것입니다.

물론 과거의 경험 중에 '해 봤더니 즐거웠던 일'이나 '좀 괜찮다고 생각했던 일'도 있을 것입니다. 하지만 곧 머릿속에서 펼쳐지는 회의에서 이런저런 말들이 나오기 시작합니다.

"그런 소소한 느낌을 '하고 싶은 마음'에 포함해도 되는 걸까?", "그 무엇과도 바꿀 수 없을 만큼 하고 싶은 일이어야 한다는 거야?", "하고 싶다는 건 이미 그것 말고는 다른 생각을 할 수 없을 만큼 마음속 깊은 곳에서 끓어오르는 열정 같은 것 아닐까?"

이때 비교 대상이 되는 것은 '열정적으로 활동하고 있는 훌륭한 사람들'입니다. 확실한 자기주장을 가지고 자신의 꿈이나 비전을 이야기하는 사람들을 떠올리면서 '내가 하고 싶은 일은 과연 뭘까?'라는 질문과 마주합니다. 그렇게 도출한 결론이 '정말 하고 싶은 일이냐고 하면 또 그렇게까지 하고 싶은 건 아니고…'가 되는 것입니다.

이와는 반대로 ⑥번 유형의 사람들이 확실히 '하고 싶어 하지 않는 일'이 있습니다. 바로 낯선 일에 도전하는 것입니다. 그들은 안전이 확실하게 보장되지 않는 일에는 나서지 못합니다.

혹시 당신이 지금 딱히 하고 싶은 일이 없다는 이유로 앞으로 한 발짝도 내딛지 못하고 고민에 빠져 있는 ⑥번 유형의 사람이라면, '무언가를 하는 데에 뜨거운 열정 같은 건 필요하지 않다'는 점을 한번 생각해 보았으면 합니다.

무언가를 하려고 하거나 하지 않으려고 할 때, 의식적으로라도 소소한 기쁨을 조금씩 키워가겠다는 선택지를 고르려고 노력한다면 머릿속에 자리한 그 높은 기준도 조금씩 낮아지기 시작할 것입니다.

○ 그 사람은 왜 그렇게 행동할까? 행동 원리를 찾아라!

그 사람이 어느 날 갑자기
관계를 끊어 버리는 이유

세미나 도중, 혹은 마칠 무렵에 "질문이 있는데, 잠시 시간 괜찮으세요?"라며 이야기를 꺼내는 사람 중 절반 이상은 '잠시' 정도로 끝내지 않습니다. 신뢰 관계가 형성되어 있는 상대라면 "조금 짧게 말씀해 주시겠어요?"라든가 "어머, 대답도 하기 전에 이야기를 시작하시는 거예요?"라는 식으로 가볍게 농담을 던질 수도 있지만, 초면인 사람에게는 그런 말을 하기가 어려운 게 사실입니다.

'한 번 입을 열면 도무지 끝이 없다'라거나 '화제가 여기저기로 튀어서 무슨 말을 하고 싶은 건지 모르겠다'라는 주변의 평가를 받는 것이 바로 ②번 유형인 '해 주고 싶어 하는' 조력형에게 많이 보이는 특징입니다.

②번 유형의 사람이 못하는 것이 바로 '요약'입니다. 이야기의

핵심에 다다르기까지 배경 설명을 지나치게 길게 늘어놓는 경우가 많습니다. 어느 좌담회에서 "본인 의견을 두 줄로 정리해 주십시오."라고 부탁했더니 다섯 줄짜리 답변이 돌아온 적도 있습니다.

이러한 말과 행동에는 제대로 설명하지 않으면 전달되지 않는다(전달되지 않는 것은 싫다)는 생각이 숨어 있습니다. 이들이 그런 생각을 하는 이유는 미래에 대한 의식이 강하기 때문입니다. ②번 유형의 사람도 ⑥번 유형의 사람처럼 미래의 일을 시뮬레이션하는 버릇이 있습니다.

⑥번 안전형은 주로 '자신이나 가족, 소속된 조직을 지키는 일'에 상상력을 발휘하지만, ②번 조력형은 그 대상이 '넓은 범위의 주변 사람들'에게까지 미친다는 점에서 크게 차이가 납니다.

②번 유형의 사람은 많은 이들에게 마음을 쓰기 때문에 '오지랖이 넓다', '괜한 참견이다'라는 말을 들을 때도 있습니다. 하지만 그들이 '저 사람 괜찮은 걸까?' 하고 시뮬레이션했기 때문에 다른 사람들을 위해 이런저런 일을 할 수 있는 것입니다. 다만 이러한 성향이 강해지면 주변 사람들을 지나치게 신경 쓴 나머지 정작 본인이 지칠 수 있습니다.

불만이 쌓였을 때 ②번 유형의 사람들이 곧잘 하는 말이 바로 "이제 그만할까?"입니다. 이런 불만은 특히 '상대방을 위해 애썼는데 그에 대한 보상이 없을 때' 생깁니다. 그들은 자신이 상상한 반응을 얻지 못하면 '이상하네. 좀 더 고마워해야 하는 거 아니야?'라는 식의 찝찝한 마음이 들지만, 한편으로는 '아니야, 이건 내가 하고 싶어서 한 일인데 뭘. 상관없어! 그래, 맞아. 이건 내 생각이었잖아!'라며 자신을 다독입니다. 하지만 이런 일이 계속 쌓이다 보면 어느 순간 "됐어. 이제 그만할래!" 하고 폭발해 버립니다. 그리고 이런 내 심정을 누가 알아줬으면 좋겠다는 마음이 강해질수록 앞서 말한 상황 설명이 길어지는 경향이 있습니다.

②번 유형의 사람은 가끔은 남이 아닌 자신을 위해 움직이는 것이 좋다는 사실을 의식하는 것이 중요합니다. 그리고 더 많은 사람을 만나거나 다양한 활동을 하면서 의식을 분산시키는 것이 좋습니다.

단체 카톡방에서 한마디도 하지 않는 사람 vs 그걸 지나치지 못하는 사람

일대일로 나누는 대화에도 오해의 소지가 있지만, 그보다 더 오해가 발생하기 쉬운 곳이 바로 메신저의 그룹 채팅입니다. 이 채팅방에서는 동호회 사람, 중고등학교 동창, 직장 동료, 아이 친구의 엄마 등 여러 사람이 단체로 대화를 나누는 경우가 많습니다. 이때 사람들의 소통 방식의 차이가 드러납니다.

그룹 채팅에 참여하는 사람들은 크게 '즉각 반응하는 무리'와 '심사숙고하는 무리', '방관하는 무리'로 나뉩니다. 이렇게 나누기만 했는데도 벌써 뭔가 갈등이 생길 것 같은 예감이 들지 않습니까? 온라인상에 나타나는 소통 방식의 차이는 인간 관찰 측면에서 매우 흥미로운 소재가 됩니다.

먼저 즉각 반응하는 무리에는 ②번 유형인 조력형과 ③번 유형인 성취형 그리고 ⑧번 유형인 리더형 등이 속하며, 이들은 다른 사람의 말에 즉각적으로 반응합니다. 언어 감각이 좋아 순발력이 있으므로 빠르게 반응할 수 있는 것입니다.

반면 '심사숙고하는 무리'는 답변하는 데 시간이 오래 걸립니다. 예를 들어 ④번 유형인 독창형은 오랫동안 고심해서 어휘를 선택하는 경향이 있기 때문에 오히려 곧바로 대답하는 사람을 이해하지 못하는 경우도 있을 수 있습니다.

또 ⑨번 유형인 조화형은 언어를 흡수하는 속도 자체가 원래 느리므로 다른 사람이 올린 글을 채 다 읽기도 전에 또 다른 사람이 글을 올리면 사고가 멈추어 버립니다. 자신은 조금 전에 올라온 화제에 대해 열심히 생각한 다음 글을 작성하던 중이었는데, 이미 화면에서는 다른 이야기를 하고 있습니다. 결국, 작성 중이던 글을 다 지우고, 다음 내용을 읽으려고 하다가 그냥 다 귀찮아져서 스마트폰을 테이블 위에 엎어 놓는… 그런 사태가 벌어지고 마는 것입니다.

이렇듯 언어적인 감각, 특정 화제에 대한 관심도, 시간 감각 같은 요인들 때문에 사람마다 답변하는 속도에 차이가 생깁니다.

채팅방에서 모든 대화를 '방관하는 무리'에도 그 나름의 이유가 있습니다. 가장 큰 이유 중 하나는 무의식적으로 '그룹의 조화를 유지하기 위해 자신을 드러내지 않아야 한다'라고 생각하는 것입니다.

이러한 경향은 특히 ⑨번 유형에 많이 나타나는데, 사실 이는

스윽-

게으른 게 아니라 패닉 상태에 빠진 것이랍니다

성격 유형에 상관없이 누구에게나 일정 부분 해당되는 말입니다.
이러한 방관은 자신의 본모습을 드러내지 않으려고 무의식적으
로 조심할 때 나오는 행동입니다. 그렇기 때문에 자신의 본질적
인 유형을 자각하고 나면 능동적으로 참여하는 모습으로 변하는
경우도 있습니다.

이러한 형태의 소통에서 이제껏 '내 메시지를 읽고도 답을 하
지 않다니!'라고 화를 냈던 사람들은 지금부터라도 이 세상에는
다양한 유형의 사람이 존재하며, 상대방에게 자신의 페이스를 강

요하는 것은 '상대방의 페이스를 흐트러뜨리는 일'이기도 하다는 인식을 가졌으면 합니다.

반대로 스마트폰을 테이블 위에 엎어 놓는 사람은 '잘 보고 있다'라는 의미로 이모티콘 하나라도 보내는 식으로 다른 사람들에게 다가가기를 추천합니다.

매번 양말을 뒤집어서 내놓는
남편의 행동 원리

수건 사이에 섞여 있는 외출복, 아무렇게나 뒤집어 벗어 놓은 양말, 한쪽만 뒤집힌 셔츠 소매…. 네, 바로 남편이 내놓는 빨랫감 이야기입니다.

'남자들은 다들 그러지 않아?'라고 생각하는 분도 있겠지만, 모두가 그렇지는 않습니다. 세탁물을 내놓는 방법과 세탁 순서를 엄격히 지키는 남자도 있고, 자신의 옷은 다른 사람의 손에 맡기지 않고 직접 빠는 사람도 있습니다. 대대수의 유형은 미리 말만 하면 "아, 알겠어."라며 방법이나 순서를 잘 지켜 줍니다.

하지만 몇 번을 말해도 도무지 나아지질 않는 두 가지 유형이 있습니다.

첫 번째 유형은 눈앞의 관심사에만 열중하는 경향이 있는 ⑦번 유형, '새로운 모험을 즐기는' 낙천형입니다. 이런 사람에게 "제대로 좀 해."라고 말하면 "응, 다음부턴 그렇게 할게!"라며 대답은 잘하지만, 한두 번 만에 다시 원래대로 돌아가 버립니다. 왜 그럴까요? ⑦번 낙천형은 도무지 한 가지 일에 집중하지 못하기 때문입니다. 어떤 일을 하는 도중에 다른 일을 발견하면 금세 마음을 빼앗겨 그전에 하던 일이나 들은 말을 깨끗이 잊어버리고 맙니다. 말하자면 자기 나름대로는 신경을 쓰지만, 완벽하게 지키기는 어렵다는 뜻입니다.

아무리 말을 해도 나아지지 않는 두 번째 유형은 ⑤번 유형, '사실을 추구하는' 탐구형입니다. 이 유형은 "제대로 좀 해."라는 말을 들어도 그렇게 하지 못합니다. 이때 그들의 사고회로를 통역해 보자면 "옷이야 어차피 빨면 되는 건데, 방바닥에 두는 게 왜 문제가 되는지 모르겠어."입니다. 이들은 애초에 한 가지 일에만 몰두하는 스타일이기 때문에 '깔끔하게 생활하는 것' 자체에 흥미를 보이지 않는 경우가 많습니다.

⑦번 유형과 ⑤번 유형 모두 나름대로는 가족들에게 어느 정도 맞추려고 노력하지만, 많은 것을 기대하면 안 됩니다. 그들이 맞출 수 있는 범위가 워낙 좁고, 애초에 이 두 유형의 사람들 모두 자신의 능력을 발휘할 수 있는 장소가 '생활 공간'이 아니기 때문입니다. 그러니 "인간적으로⋯.", "보통 사람들은⋯.", "몇 번이나 말하게 하는 거야?"라는 식으로 상대방을 질책한다고 문제가 해

결되지 않는다는 사실을 깨달아야 합니다. '원래 그렇구나' 하며 넘기거나 포기하는 대신, 상대방의 장점을 찾으려고 노력하면 일과 가정 모두 원만하게 돌아갈 것입니다.

"청소 좀 하는 게 어때?"라고 하면
화부터 버럭 내는 사람

'청소'라는 하나의 단어도 성격 유형에 따라 청소에 포함되는 개념(청소 방법이나 상태와 정도)은 천차만별입니다. 자유나 행복 같은 개념만큼이나 다양합니다.

저는 재택근무를 하기 때문에 집에 손님들이 자주 찾아오는데, 우리 집을 보고 "어쩜 이렇게 항상 깔끔하게 하고 사세요? 정말 대단하세요."라고 말하는 사람이 있는가 하면 "어쩐 일이야. 오늘은 집이 좀 깔끔해 보이는데?"라고 말하는 사람도 있습니다. 이처럼 똑같은 것을 보고도 사람마다 말을 다르게 합니다.

사실 방의 모습은 그 사람의 성격과 관련이 있습니다. 예를 들어 ①번 완벽형은 '리모컨은 여기, 티슈는 여기'와 같은 식으로 물건을 두는 장소를 정해 놓는 경향이 있습니다. 그래서 방이 매우 깔끔합니다.

반대로 방 안에 갖가지 물건을 잔뜩 늘어놓는 유형이 있습니다. 바로 ④번 유형인 '자기 본연의 모습을 지키고 싶어 하는' 독창형입니다. 몸과 마음이 평안할 때는 방도 깨끗하지만, 몸 상태가 나빠지거나 바빠지면 방도 덩달아 혼잡해집니다. 바닥에 이런 저런 물건을 쌓아 두는 경향이 있고, 서류와 속옷이 뒤섞여 있기도 하고, 한쪽에 쌓인 옷 무더기에서 빨아야 할 옷을 끄집어내야 할 때도 있습니다. ④번 유형의 사람과 어울릴 때 주의해야 하는 점은 이런 상황에서 "정리 좀 해."라든가 "넌 참 정리를 못 하는구나."라는 말을 꺼내지 말아야 한다는 것입니다. 이런 말을 들으면 ④번 유형의 사람은 엄청난 충격을 받습니다. 때로는 울거나 소리를 지를 수도 있습니다.

저희 수강생들 중에도 "도저히 정리를 못하겠어요!", "정리 좀 하라는 말을 들으면 정말 스트레스 받아요!"라고 토로한 사람들이 있습니다. 심지어 "정리하란 소리를 하지 말 것을 결혼 조건으로 삼았어요."라고 이야기한 사람도 있었습니다. 이런 유형의 사람은 정리하는 방법을 모르는 게 아닙니다. 미의식이 남들보다 몇 배나 뛰어난 사람들이니까요. 다만 기본적인 성격상, 틈날 때마다 조금씩 치우는 것을 못 합니다. 모 아니면 도라는 식이어서 '현관만 살짝 정리하는' 소소한 행동만으로는 만족감을 얻을 수 없습니다.

또 이상적으로 생각하는 목표를 너무 높게 잡는 경향이 있기

○ 그 사람은 왜 그렇게 행동할까? 행동 원리를 찾아라!

때문에 잡지나 방송에서 본 아름다운 방과 비교가 되는 자신의 방을 보고 절망할 때도 있습니다. ③번 유형인 '목표 달성에 가치를 두는' 성취형은 이상적인 목표를 높게 잡고 어떻게든 그에 가까워지려고 노력하지만, ④번 유형의 사람은 이상과 현실의 격차를 깨달으면 절망적인 기분에 빠집니다. 높은 이상과 현재의 자신 사이를 오가면서 기대와 실망, 갈등하는 과정을 반복하는 특징이 있습니다.

④번 유형의 사람은 심신의 상태에 따라 방의 모습이 바뀌기 때문에 상태가 좋지 않을 때(방이 지저분할 때) "정리 좀 해."라는 말을 들으면 마치 자신이 전부 부정당하는 것처럼 느끼고 맙니다. 그래서 울거나 소리를 치는 일이 벌어집니다. 이 유형의 사람이 이러한 갈등에서 벗어나려면 먼저 높은 이상과 현실의 격차에 자꾸만 시선을 돌리는 자신의 성격을 받아들이고 '차근차근' 하나씩 해 나가는 소소한 행동을 중요하게 여겨야 합니다.

이들은 굽은 등, 말린 어깨, 요추 전만 같은 신체 불균형 탓에 가슴 공간이 좁아져 있는 경향이 있습니다. 그러므로 신체 불균형에 도움이 되는 스트레칭을 꾸준히 해서 호흡이 깊어지게 하는 것도 중요합니다. 호흡이 얕으면 자율신경이 제대로 작동하지 않아 시야가 좁아지기 쉽기에 호흡을 개선하면 좀 더 여유가 생깁니다. 또 자신의 상상이 다른 사람과의 거리를 만든다는 사실을 깨닫는다면 진정한 창의력을 발휘해 나갈 수 있게 될 것입니다.

아내는 구속하면서
정작 본인은 툭하면 외출하는 남편의 본심

"오늘 어디 가는데?", "몇 시에 들어올 거야?", "누구랑 가는데?", "나도 아는 사람이야?"··· 이런 식으로 아내의 사생활은 꼬치꼬치 캐물으면서 정작 본인은 어디 가서 누구를 만나는지 이야기하지 않는 남편이 있습니다.

"잠깐 나갔다 올게."라는 말에 몇 시에 들어올 거냐고 물으면 잘 모르겠다며 대충 얼버무리고 나가 버립니다. 밖에서는 요란하게 놀면서 돈을 흥청망청 씁니다. 카드도 신나게 긁습니다. 나이트클럽도 제집 드나들 듯합니다. '사내'라면 응당 그래야 한다는 것처럼 말입니다.

이처럼 밖에서는 '호쾌한 사내'라는 역할에 푹 빠져있지만 알고 보면 누구보다 어리광쟁이인 사람. 이것이 ⑧번 유형인 리더형의 특징입니다. ⑧번 유형의 행동 원리는 '강해 보여야만 하는 것'입니다. 이런 사람들이 자주 외출하는 이유에는 세력권을 유지하려는 측면도 있습니다. 때문에 '단골 가게'에 정기적으로 얼굴을 비춥니다. 또 자신이 동료로 인정한 상대와는 가까운 거리를 유지하며 자신의 속내를 털어놓고 싶어 하는 경향도 있으므로 2차, 3차까지 술자리를 갖는 것입니다.

자신을 바라봐 주길 바라는 욕구가 워낙 강하기 때문에 다른 사람, 특히 배우자 등을 심하게 구속하기도 합니다. 그런 성향이 앞서 이야기한 것처럼 아내의 일정을 꼬치꼬치 캐묻는 행동으로 나타납니다. 떨어져 있는 것을 두려워하기 때문에 결혼한 뒤 아내가 하던 일을 그만두기를 바라는 경우도 많습니다. 아내가 다른 이성과 만나거나 동창회에 참석하는 것을 절대 용납하지 않는 경우도 흔합니다.

업무 등으로 인한 스트레스가 쌓여 불안감이 심해질수록 이러한 경향이 더 심하게 나타납니다. 남편의 폭력이나 정신적인 학대를 견디다 못해 상담을 청해 오신 분들이 있습니다. 이런 남편들은 밖에서는 '아내를 끔찍하게 아끼는 애처가'를 연기하지만, 집에 돌아오면 폭력과 폭언을 퍼붓습니다. ⑧번 유형의 특징이 나쁜 방향으로 표출되면 이런 일이 일어납니다. 상대방을 굴복시키기 위해 궁지에 몰아넣고, 가스라이팅gaslighting하는 것입니다.

또 폭력을 쓰지 않고 아내를 몰래 감시하는 경우도 있습니다. 예를 들어 밤마다 아내의 카드 내역을 확인하거나 아내의 휴대전화에 위치추적 앱을 설치하는 것입니다. 또 몰래 정보를 조작해 아내에게 거짓말을 하기도 합니다.

예전에 근무했던 곳의 상사가 이런 유형이었습니다. 회의 중에 자신의 험담을 하는 사람이 없는지 확인하려고 툭하면 옆 회의실에 들어가 몰래 엿듣고는 했습니다. 충동적으로 움직일 때가 많아서 거짓말을 자주 했는데, 앞뒤가 맞지 않아 다들 금세 알아차린다는 것을 본인만 눈치채지 못했습니다.

이런 사람들은 근본적으로 '외로움'을 잘 탑니다. 갑자기 버럭 소리 지르는 이유는 '자신을 좀 보라'는 신호입니다. ⑧번 유형의 사람과 잘 살고 있는 사람은 배우자의 그런 부분을 잘 다룹니다. 예를 들어 ⑧번 유형은 한밤중에 집에 돌아와서는 아내가 잠들어 있는 침실 불을 켜거나 덮고 있는 이불을 휙 들추며, "여보, 오늘 말이야! 이런 일이 있었어. 진짜 웃기지? 어? 웃기지 않아?"라는 식으로 자신이 '지금' 느끼는 즐거운 감정을 당장 공유하고 싶어 하는 행동을 보일 때가 있습니다. 이럴 때 화를 내는 것이 아니라 "어, 그랬어?"라는 식으로 상대방의 이야기를 들어주면 그러한 충동이 점차 가라앉습니다.

또 ⑧번 유형은 '먹어서' 기운을 보충하는 타입이라 가끔 한밤중에 "뭐 좀 먹고 싶은데."라는 말을 꺼낼 때가 있습니다. 이때 "뭐, 이 시간에?"라고 짜증을 내지 않고 "○○정도는 만들 수 있는데 먹을래?"라고 물어보는 것이 포인트입니다. 실제로 이러한 방

귀찮아도 상대를 해 주면 잠시 후 차분해집니다

법을 실천해 본 분들에게 "요즘 집안 분위기가 좋아졌어요."라는 이야기를 듣고는 합니다.

새벽 2시 30분에 깨서 남편이 하는 말에 고개를 끄덕여 주었더니 "자는데 미안했어."라며 차를 타 준 남편도 있었다고 합니다(그럴 거면 그냥 자게 내버려 두라는 생각이 들 수 있지만 말입니다). 이처럼 남편을 잘 다루게 되면 남편도 예전보다 더 따뜻하고 친근하며 애교 섞인 모습을 보여 줄 것입니다.

참고로 ⑧번 유형의 사람이 가하는 일상적인 폭력과 정신적인 학대로 고민하는 사람에게는 '반드시 제삼자인 공적 기관을 내세우라'라고 조언합니다. 사회적 지위가 있는 사람은 상대방이 공적인 힘을 들이대면 매우 약한 모습을 보이기 때문입니다. 상황에 맞는 적절한 조치를 해 줄 수 있는 곳으로 도움을 요청하십시오.

도박을 끊지 못하는
사람들의 특징

집 근처에 경마장이 있는데, 항상 비슷한 복장을 한 아저씨들이 마치 군인들처럼 앉아 경기에 몰두해 있습니다. 체격이나 고개의 각도까지 어찌 그리 닮았는지 그 모습이 꼭 레고 인형 같아서 저도 모르게 웃음이 나옵니다(물론 말을 좋아해서 경마장에 자주 방문하는 사람도 있지만, 이런 분들은 지금 이야기한 아저씨들과 복장이 다르므로 제외하겠습니다).

재미있는 사실은 이렇게 비슷한 복장을 한 아저씨들이 경정장이나 카지노에도 있다는 점입니다. 이런 아저씨들의 공통점은 '돈을 불리는 것에 대한 꿈'이 있다는 것입니다. 물론 자산이 불어나는 것은 누구나 반기는 일이지만, 이런 사람들은 '내기에 이겨서 돈을 따는 것'에서 기쁨을 느낍니다.

이런 도박에 빠지기 쉬운 유형이 바로 ⑧번 리더형입니다. '승

패'를 인생의 기준으로 삼는 ⑧번 유형에게 '내기에 이겨서 돈을 따는 것'은 '자신의 힘을 음미할 수 있는' 절호의 기회인 셈입니다. 이러한 원리가 좀 더 원시적인 수준으로 나타나는 것이 '공갈 협박'입니다.

이처럼 똑같은 ⑧번 유형이라고 해도 비즈니스의 세계에 진출해 성과를 거두는 사람이 있는가 하면 도박 중독에 빠지는 사람도 있고, 범죄의 길로 접어드는 사람도 있습니다. 또 ⑧번 유형의 사람에게는 뭐든지 '확대하려는 의지'가 있기에 딱히 원하지 않는 것도 손에 넣으려는 마음을 가지기 쉽습니다. '무엇이든 상관없으니 일단 가지고 보자'라는 식입니다. 오셀로 게임에서 자신의 칸을 늘려나가는 것과 비슷한 느낌이라 할 수 있습니다.

또 경마, 경정, 경륜 같은 종류는 자신이 고른 제삼자가 움직인다는 점에서 '자신의 힘으로 말을 움직인다'라고 착각하기 쉬우며, 이러한 착각이 재미로 이어진다고 볼 수 있습니다.

이런 사람들에게는 '돈이 최고'라는 인식이 있으므로 돈이 될 만한 이야기에 귀가 얇아져서 오히려 빚이 늘어나기 쉽습니다. 또 의외로 다른 사람의 영향을 많이 받기 때문에 괜히 일확천금을 노릴 수 있으므로, 이를 방지하기 위해 돈을 차곡차곡 모으는 법을 배우는 것이 중요합니다.

그 사람이 '애플 제품'만 고집하는 이유

　　항상 깔끔하게 정리된 방, 놓여 있는 컴퓨터는 아이맥, 흘러나오는 음악은 세련된 팝송. 팔에는 애플워치를 차고 있고, 휴대전화는 당연히 아이폰을 쓰는 사람. 이들은 이렇게 말합니다. "딱히 고집하는 건 아닌데 효율적이라서요." 이처럼 애플의 제품으로 대표되는 스마트 기기에 둘러싸여 있는 사람은 ③번 유형인 '목표 달성에 가치를 두는' 성취형인 경향이 있습니다.

　　모으는 재미도 있고, 자동으로 동기화도 되고, 짧은 동작만으로 원하는 목적을 달성할 수 있는 데다 무엇보다 디자인이 세련됐습니다. ③번 유형의 사람들은 '일도 놀이도 모두 쿨하게!'라는 신조이기 때문에 집이나 차, 배우자 등을 '예전보다 한 단계 발전시키는 것'에 가치를 두고 생활합니다. 성취형의 사람을 배우자로 둔 분들이 이런 상담을 해 올 때가 있습니다.

"그 사람의 마음이 어디에 가 있는지 모르겠어요."

맞습니다. ③번 유형의 사람은 마음으로 다가서는 친밀한 교류를 피하는 경향이 있습니다. 왜냐하면 그들은 '성공한 사람'의 이미지를 추구하며, 그 이면에는 '진정한 자신을 남에게 드러내는 것에 대한 잠재적인 공포'가 숨어 있기 때문입니다. 그러한 공포 때문에 사람의 마음을 부담스럽게 여기거나 혹은 여러 이성과 교제하면서 '매력적인 나'라는 이미지를 마치 꺼지면 안 되는 성화처럼 필사적으로 지키려고 하는 사람도 있습니다.

③번 유형의 여성은 늘 외모를 아름답게 가꾸고 세련된 옷차림을 하고 다니는 것은 물론이고 명품을 선호하는 경향이 강합니다. 또 최신 트렌드를 남들보다 먼저 생활에 적용하기도 합니다. 이들은 배우자로 의사나 변호사처럼 사회적 지위가 높은 남성을 선택하는 경향이 있습니다. 다만 여성도 마찬가지로 다른 사람과의 관계에서 한발 물러서는 면이 있습니다.

③번 유형에 속하는 사람은 스스로를 '난 무뚝뚝해서 다른 사람과 쉽게 어울리지 못하는 편이다'라고 인식하고 있는 경우가 많은데, 이러한 경향은 사실 '다른 사람들과 너무 친해지면 자신의 이미지가 변해 버릴 것 같은 공포'에서 비롯된 것으로, 남몰래 불면증을 앓고 있을 수도 있습니다.

흥미로운 점은 '다른 사람에게 가까이 다가가고 싶지 않다'라고 두려워하면서도 한편으로는 '자신의 본질을 알아봐 주는 사람'이나 '절대로 날 버리지 않을 배우자'를 추구하는 경향이 있다는 점입니다(물론 본인은 그 점을 자각하지 못합니다).

제가 개인적으로 조사한 바에 따르면 ③번 성취형 중에는 고양이가 아니라 개를 키우는 사람이 더 많습니다. 개는 주인과 매우 친밀한 관계를 유지하며, 주인을 절대 배신하지 않기 때문입니다. 진정으로 타인과 거리를 두길 바라는 사람이라면 개를 키우지 않을 것입니다. 저는 이런 행동에서 그들의 속마음을 엿볼 수 있었습니다.

이들은 잠재적으로는 누군가와 이어지고 싶지만, 쉽게 마음을 열지는 못합니다. 그렇기 때문에 '내 것으로 만들어야지'라든가 '내가 함께 있어 주고 싶어' 같은 집착에 가까운 마음으로 ③번 유형의 사람에게 접근했다가는 오히려 거리만 더 멀어질 것입니다.

③번 유형의 사람은 가끔 지나치게 효율적으로 움직일 때가 있는데, 거꾸로 생각하면 그만큼 정신적인 안정을 추구한다고 볼 수 있습니다. 마음의 안정을 조금씩 되찾다 보면 그러한 경향이 차츰 누그러질 것입니다. 앞서 말한 것처럼 개를 키우는 것도 마음의 안정에 어느 정도 도움이 될 수 있습니다.

친구들하고만 시간을 보내는
남편의 행동 원리

현관 벨이 울리는가 싶더니만 택배가 도착했습니다. 상자를 열어보니 정체를 알 수 없는 전문적인 도구와 아이템이 가득합니다. 아내는 말합니다. "여보… 이번에는 또 뭘 시작한 거야?" 이처럼 특이한 취미를 폭넓게 가지는 것이 ⑦번 유형인 '새로운 모험을 즐기는' 낙천형의 특징입니다.

⑦번 유형의 사람은 가족들에게 캠핑하러 가자고 하고는 캠핑장에서 다른 친구네 가족과 합류합니다. '뭐야'라고 생각한 순간, 얼마 전 인터넷에서 주문한 알 수 없는 도구를 꺼내 불을 피우더니 준비해 온 고기를 아이스박스에서 꺼냅니다. 고기를 한참 구워 먹더니만 이번에는 아이들을 데리고 카누를 타러 갑니다. 이렇게만 놓고 보면 가족을 잘 챙기는 좋은 아빠처럼 보이겠지만, 이건 한순간에 불과합니다. 어느 날인가는 멋진 운동복과 운동화

를 사들이더니, 그다음 날부터 달리기를 시작했습니다. 그러는가 싶더니만 그다음 주에는 아침부터 낚시하러 가고, 낚시가 언젠가부터 서핑으로 바뀌었습니다. 그러다 반년이 지나자 갑자기 차를 끊이고 시를 짓기 시작했습니다. 친구들도 많고 참여하고 있는 단체도 왜 그렇게 많은지, 모두 몇 개나 되는지 알 수 없을 정도입니다.

이런 행동으로 대표되는 ⑦번 유형의 사람은 '자극적인 경험이나 만족감을 얻는 것'을 중시합니다. '새로운 것을 알고 싶어! 아직 경험해 보지 못한 일에 도전해 보고 싶어!'라며 다양한 분야에 관심을 보이고, 새로운 경험에서 자극을 받고 즐거워합니다. 여러 일을 동시에 병행하기를 좋아해서 하루에 만나기로 한 사람이 남들보다 두 배는 많습니다. 느긋하게 쉰다는 선택지 자체가 거의 없습니다. 돈도 잘 씁니다.

이런 유형의 배우자를 둔 분들에게서 "남편이(아내가) 좀처럼 집에 들어오질 않아요.", "휴일에는 무조건 친구들을 만나러 나갑니다."라는 하소연을 듣습니다. 그러한 성향이 너무 강한 경우에는 '혹시 집에 있으면 할 일이 많아서 그런 거 아닌가?'라거나 '가족들에게 잔소리를 듣기 싫어서 그런가?'라고 느껴질 수 있습니다.

그도 그럴 것이 ⑦번 유형에게는 '싫고 괴로운' 감정을 피하려는 행동 원리가 있기 때문입니다. 그들에게는 '장래에 대한 불안'이나 '과거에 있었던 괴로운 일'에 대해 계속 고민하는 것 자체가

고통이며, 다른 사람의 불만이나 기승전결이 없는 이야기를 계속 듣고 있는 것도 고역입니다. 그래서 힘든 일이 늘어날수록 현실에서 도피해 좀 더 활동적인 행동을 하게 되는 것입니다.

낙천형이 아닌 사람의 입장에서는 '아이 교육에 대해 함께 고민했으면 좋겠는데', '낮에 만난 사람과 있었던 일을 들어주었으면 좋겠는데'라는 바람이 있을 수 있지만, 부정적인 화제는 일단 피하고 보는 것이 이 유형의 특징입니다. '이렇게 하는 건 좀 그렇겠지?'라는 식으로 위험 가능성을 언급하면 그 화제를 점점 더 피하고 싶어 합니다.

그러므로 '그렇게 하면 재미있겠지?' 같이 그 화제가 좀 더 매력적으로 들릴 수 있게 돌려 말하거나 오늘 있었던 일을 이야기처럼 재미있게 늘어놓으면 귀를 기울일지도 모릅니다.

⑦번 유형에 속하는 사람이 좀 더 성숙한 삶을 살거나 하나의 일에 집중하기 위해서는 '행복은 찾기 어려운 것'이라는 생각을 바꿔야 합니다. 어딘가에 있을 먼 행복이 아니라 '지금 여기에 있는 것'을 돌아보고, 자신이 가장 좋아하는 것이 무엇인지 결정하는 데에 집중하면 언젠가 그 일이 주는 깊은 묘미를 깨달을 수 있을 것입니다.

4장

스트레스를 받으면
단점이 강화된다!

두려움이 커질수록
단점이 두드러진다

3장에서는 총 아홉 가지 성격 유형을 특징과 함께 소개해 보았습니다. 자신을 돌아보며 '어? 내가 저런 것 같은데!'라고 생각했거나 주변 사람을 대입해 보면서 '아, 그 사람이 이런 유형인데!'라고 느끼신 분이 많을 것입니다.

인간 관찰을 하다 보면 이처럼 사람을 어느 정도 객관적으로 파악할 수 있게 되어 '자신'이 '타인'과 어떻게 다른지 알게 됩니다. 사람들은 어떤 표면적인 행동만을 보고 '옳고 그름'을 쉽게 판단하지만, 그 안에 숨어 있는 행동 원리나 상대방이 지닌 공포의 정체를 알게 되면 도무지 이해할 수 없었던 말과 행동에도 나름대로 이유가 있다는 것을 깨닫게 됩니다.

다만 제가 소개한 아홉 가지 유형을 다른 사람들에 대입해 보면서 '이 사람은 이런 유형이니까 이렇게 행동하겠지?'라고 섣부

O 스트레스를 받으면 단점이 강화된다!

르게 판단하지는 마셨으면 합니다. 사람마다 각자 다른 세계관을 가지고 있으며, 선호하는 접근 방식에도 차이가 있다는 사실을 아는 것이 중요합니다. 또한 성격 유형을 공부하는 가장 큰 목적은 인간 관찰을 통해 사람들의 성향을 확인하고 자신의 인간관계를 개선해 나가는 것입니다. 그리고 다른 사람과의 관계를 통해 자신의 본질적인 '행동 원리'를 발견해 나가다 보면 인간 관찰의 수준을 한 단계 더 높일 수 있게 됩니다.

이번 4장에서는 다른 사람과 관계를 맺을 때 도움이 되었으면 하는 마음에서 인간의 좋은 면과 나쁜 면을 살펴보는 방법을 소개하려고 합니다.

장점과 단점은 종이 한 장 차이라고들 하는데, 사실 이는 스트레스의 유무와 큰 관련이 있습니다. 각각의 성격 유형이 지닌 특징은 본질적으로는 '공포'에 기인한 것으로, 공포가 심해지면 마치 다른 사람이라도 된 것처럼 행동 패턴이 바뀝니다. 반대로 안정된 상태에서는 본래의 장점을 더욱 잘 살려 단점까지 극복해 버리는 놀라운 재능을 발휘합니다.

장점이 표출되느냐 단점이 표출되느냐는 주변 사람과의 관계가 크게 작용합니다. 결국 그 차이는 '이끌어 내는 방법'에 달려 있습니다. 직장에서나 가정에서나 말입니다. 아이를 잘 키우는 사람은 아이가 가진 장점을 이끌어 내는 재주가 있고, 조직을 잘 운영하는 사람은 인재를 적재적소에 배치하고 그들의 장점이 잘 발휘될 수 있도록 전체적인 지시를 맡습니다. 그런데 그러한 사실을 알지 못한 채 상대방의 나쁜 면만을 보게 되면 결국 갈등이 끊이지 않아 직장이나 가정이 제대로 굴러가지 않습니다.

먼저 상대가 어떤 상태에서 스트레스를 받는지를 파악하고, 그에 알맞은 접근 방식을 고민해 보시기 바랍니다. 물론 만나는 모든 사람과 무리를 하면서까지 어울리라는 뜻은 아닙니다. 저마다 놓인 환경이 다르므로 아무리 노력해도 자신과 잘 맞지 않는 사람이 있기 마련입니다.

저는 인간관계에 인연과 타이밍이라는 게 있다고 생각합니다. 일상적인 만남이라도 어떤 의미가 있지만, 결국 문제는 그 의미를 어떻게 받아들이냐 하는 것입니다. 그 사람을 객관적으로 관찰하다 보면 그 사람에 대한 관점이 바뀔 수도 있지 않겠습니까?

그 사람의 좋은 면을 다시 생각해 보고 이대로 계속 관계를 이어나갈 것인지, 그 사람과 어느 정도의 거리를 유지해야 할지, 아니면 차라리 관계를 끊는 것이 나을지 고민해 보는 것입니다. 이처럼 모든 일에는 양면이 존재한다는 사실을 알면 다른 사람과의 관계를 고민할 때나 자신의 장점을 생각해 볼 때도 많은 도움이 됩니다. 그럼 이제 본격적으로 4장의 내용을 살펴볼까요?

올곧은 완벽주의자가
공격적으로 비판과 규칙을 강요하게 된다

오랜만에 외출해서 머리도 자르고 친구도 만났습니다. 그런데 이 친구가 만나자마자 "와, 진짜 오랜만이다. 그런데 예전 헤어 스타일이 더 잘 어울렸는데…."라고 하는 것이 아닙니까. 여러분도 이런 비슷한 말을 듣고 '헉' 하고 놀라고 마음이 상했던 경험이 한 번쯤은 있을 것입니다.

다른 버전으로는 해맑은 표정으로 "지난번에 입고 나온 옷이 너한테 더 잘 어울렸는데!"라고 말하는 사람도 있습니다. 이렇게 상대가 스트레스를 받을 만한 이야기를 아무렇지 않게 하는 것이 ①번 유형, 완벽형에게 많이 나타나는 특징입니다.

듣는 사람 입장에서는 '예전이 더 나았다는 건 오늘은 별로라는 소리야?'라고 받아들일 수도 있지만, ①번 유형의 사람은 나쁜 뜻에서 하는 말이 아닙니다. '좋은 정보를 알려 주고 싶다', '잘 해 주고 싶다'라는 개선 욕구가 표출된 것뿐입니다. 그들에게는 그저 '그게 사실이니까'라는 마음밖에 없습니다.

게다가 ①번 유형을 대변해 보자면, 부드럽게 말해 주려고 나름대로 애를 썼을 것입니다. 완벽형은 '직접적인 표현'을 무기로 삼습니다. 따라서 부드러운 표현이나 어미를 흐리는 말투를 선호하는 사람이라면 너무 날카롭다고 느낄 수 있습니다. 다만 ①번 유형의 사람은 안목이 높아서 좋고 나쁜 것을 잘 구별해 줍니다. 이것이 그들이 지닌 기본 성질입니다.

이런 사람들은 스트레스를 받는 상황에 놓이게 되면 <u>자신의 기준을 '정의'로 삼는 감각이 강해집니다.</u> 다른 사람들이 일을 점점 엉성하게 대충 처리하는 것처럼 보이기 시작해 스트레스가 더 극심해지고, '기준을 충족하지 못하는 사람은 나쁜 인간'처럼 느끼기까지 합니다. 그렇게 되면 자신의 기준을 다른 사람에게까지 적용하면서 "이렇게 하세요."라고 바로잡으려고 합니다. 점점 더 별 것 아닌 일에 화를 내게 되고, 이게 더 지나쳐지면 '사람들을 벌해야 한다'라는 개념이 나오는 지경에 이릅니다. <u>스트레스가 극심해지면 ①번 유형의 사람은 미간에 주름이 깊게 패어 있을 때가 많고, 늘 분노에 차 있는 모습을 보입니다.</u>

①번 유형의 사람은 '주변 사람들이 일을 제대로 하지 않는 것'에 스트레스를 받습니다. 이 유형의 사람에게 스트레스를 주지 않으려면 자신이 잘못한 일이 없다는 것을 그 사람에게 이해시켜

야 하지만, 이런 사람들은 어떻게든 결점을 찾아내므로 그마저도 쉽지 않습니다. 이 유형은 스트레스가 쌓일수록 경계심 또한 강해지기 때문에 다른 사람의 의견이나 배려가 눈에 들어오지 않게 됩니다.

'그럼 대체 어떻게 해야 합니까!?'라는 생각이 들겠지만, 그들의 스트레스를 낮추려면 먼저 그들이 정한 '규칙'을 어느 정도는 준수하는 것이 좋습니다. 일단 그렇게 해서 상대방의 경계심을 낮추고 긴장을 풀어 주어야 합니다.

하지만 자신도 스트레스를 받는 상황에서는 이렇게 하기가 힘든 것이 사실입니다. 상대방이 계속 분노를 쏟아내면 당연히 여러분도 화가 치밀어 오를 테니 말입니다. 그 사람이 퍼붓는 분노에 절대로 위축되지 마십시오. 또 상대방의 직설적인 말에 일일이 반응하지 말고, 평상심을 유지한 채 '저 사람이 말한 규칙을 받아들여야 할지, 말아야 할지' 신중하게 생각해 보시기 바랍니다. 상대방이 화를 낸다고 해서 무작정 알겠다고 대답하지 말고, 그저 하나의 의견으로 들어보는 것입니다. 어디까지나 여러분도 공평한 태도를 유지해야 합니다. 그렇게 하면 ①번 유형의 사람도 점차 미소를 되찾을 것입니다. 그들은 원래 '유연하고 온화한 성격'을 지녔으니 말입니다.

①번 유형의 사람은 세밀하게 검증하고 확인하는 일에 뛰어납니다. 특히 누락된 부분을 누구보다도 신속하게 발견하는 재주가

있고, 익숙해진 일도 절대 과신하지 않으며, 작업 하나하나를 하나의 '일'로 승화시킵니다. 그런 성격을 지닌 덕분에 전통이나 기술을 잘 보존하는 능력도 있어서 ①번 유형의 사람들이 만드는 예술품에는 오직 그들만이 표현할 수 있는 우주가 담겨 있습니다.

자상한 조력자에서
과하게 헌신하는 사람이 된다

'좋아하는 감정'만으로 누군가를 위해 헌신적으로 노력하는 사람이 있습니다. 그 사람에게 도움이 되고 싶은 마음에 먼 길을 한달음에 달려가고, 주변에 입소문을 내며 응원하기도 하고, 돈도 아끼지 않습니다. 이런 강력한 애정을 품을 수 있는 것이 바로 ②번 유형인 조력형입니다.

이런 사람들은 자선 활동을 활발히 하기도 하고, 어려움에 처한 전 세계 사람들을 위해 봉사할 사람들을 모집합니다. 정말 애정이 깊은 사람들입니다. 이런 유형은 여성이 많을 것 같지만, 알고 보면 의외로 남성들도 많습니다. 자신의 배우자나 주변 사람들에게 최선을 다하는 것을 보람으로 삼는 사람도 있습니다.

그렇다면 그런 ②번 유형이 스트레스를 받으면 어떻게 변할까요? 바로 다음과 같은 경향이 나타납니다.

- 일을 다 끝마치지 못했는데 새로운 일에 손을 댄다
- 다른 사람의 불편함을 해결하기 위해 손을 뻗는다(다른 사람을 돌보는 일에 지나치게 몰두하게 된다)

이런 변화가 나타나는 이유는 ②번 유형은 '사랑받고 있다는 사실을 실감하지 못하는 것'에 스트레스를 받기 때문입니다. 스트레스를 받으면 ②번 유형은 자신에 대한 사람들의 애정을 확인하고 싶어 하기에 소유욕이나 독점욕을 보이게 됩니다. 그렇기에 다른 사람을 돌보는 일에 정신없이 몰두하게 되는 것입니다. 그래서 ②번 유형은 인간관계도 철새처럼 이리저리 떠돌면서 맺습니다. 갑자기 죽마고우처럼 친하게 굴다가 상대방이 뭔가 불쾌한 말이나 행동을 하면 마치 아무 일도 없었다는 듯이 관계를 끊어버리는 일도 있습니다.

스트레스가 더 심해지면 ②번 유형의 사람은 ⑧번 리더형처럼 자신의 주장을 강하게 내세우기 시작합니다. '사랑한 만큼 증오가 백 배로 늘어나' 상대방을 공격하거나 '내가 없으면 넌 아무것도 할 수 없어!'라는 식의 말과 행동을 하게 됩니다.

주변에 그런 ②번 유형의 사람이 있는 경우, 저는 '목 교정'을 권합니다. 등이 구부정하고 어깨가 안으로 말려서 목이 앞으로 나와 있는 사람은 시야도 좁아지는 경향이 있습니다. 비유처럼 들리겠지만, 목은 무거운 머리를 지탱하는 중요한 부위입니다.

그리고 호흡이나 혈액의 순환에도 중요한 역할을 합니다. 그런데 스트레스를 받으면 목이 앞쪽으로 기울어져 내려가 버리는 사람이 많습니다. 스트레칭 등을 꾸준히 해서 목을 제자리로 돌려놓으면 시야도 훨씬 넓어집니다.

또 그날그날 '해야 할 일을 명확히 정해 두는 것'도 좋은 방법입니다. 스트레스가 쌓였을 때는 '이것도 해야 하고, 저것도 해야 하는데…'라며 혼란에 빠지는 경우가 있으므로 눈으로 확인할 수 있게 할 일을 표로 정리해 놓고 하나씩 처리하는 것이 좋습니다. 정보를 눈으로 확인하면서 정리하면 복잡해졌던 머릿속도 한결 심플해집니다.

②번 유형의 사람은 다른 사람을 즐겁고 편안하게 만드는 재주가 있고, 무엇보다도 상냥합니다. 다른 사람을 신경 쓰느라 가끔 힘에 부칠 수 있지만, 스스로를 그만큼 배려한다면 누구보다도 강한 사람이 될 수 있습니다.

남들을 위해 더 좋은 서비스를 개발하거나 누군가의 관계를 회복시켜 줄 수도 있고, 다른 사람들을 웃게 해 줄 수도 있습니다. 온 세상을 따뜻한 사랑으로 가득 채울 수 있는 것도 바로 ②번 유형의 사람들입니다.

노력하는 천재에서
프로 지적꾼이 된다

어느 날, 비즈니스 모임에서 만난 사람에게 초대를 받아 어떤 '비밀 모임'에 참석한 적이 있습니다. 그 자리에 참석한 사람들은 모두 정장을 차려입고 입가에는 미소를 띤 채 큰 소리로 인사를 나누었습니다. 그 자리에서 "우리에게 신뢰를 받는 사람은 사업이 눈덩이처럼 불어날 것입니다."라는 말을 들었습니다. '눈덩이처럼 불어난다는 표현을 빚이 아닌 곳에도 쓰는구나'라고 내심 신기했지만, 이런 대화 방식을 선호하는 게 ③번 유형인 성취형에게 나타나는 특징이라는 생각이 들었습니다.

③번 성취형은 '자신에게 도움이 되는지 아닌지'를 '신뢰의 척도'로 생각하는 경향이 있습니다.

물론 어떤 단체를 기웃거리든 "우리의 동료가 되면 이런 지위를 얻을 수 있습니다."라는 말이 항상 따라붙습니다. 다단계 회사

　○　스트레스를 받으면 단점이 강화된다!

가 선전하는 혜택에도 크루즈 여행이나 하와이 여행이 종종 포함되지 않습니까? 이처럼 ③번 유형의 사람들이 사귀려고 하는 것은 '마음이 잘 맞는 친구'가 아니라 '높은 비전이나 뜻을 가진 동료'라는 느낌이 듭니다.

③번 유형의 사람들은 에이지리스Ageless 열풍의 주역이기도 하며 미모와 젊음을 유지하기 위해 노력합니다. 나이가 어린 줄 알았는데 알고 보니 저보다 훨씬 나이가 많았던 사람도 꽤 있었습니다. 아름다운 모습 뒤에는 매일 헬스클럽에 다니며 열심히 운동하고 절제된 식습관을 엄격히 지키는 노력이 숨어 있지만, 그 과정을 다른 사람들에게 보이고 싶어 하지는 않습니다. 그들이 공개하는 것은 헬스클럽 내부의 모습이나 탄탄하게 가꾼 자신의 몸매를 찍은 사진뿐입니다. 특히 '거울 앞에서 찍은 복근이나 다리' 사진이 많은 편입니다.

사교성도 뛰어나고 목표를 위해 엄격히 절제된 생활을 하며 '모름지기 사람은 이래야 한다'라는 것을 몸소 보여 줌으로써 주위 사람들에게 존경을 받는 것이 ③번 유형의 특징입니다.

그런 ③번 유형의 사람들은 자신의 가치를 느낄 수 없는 일에 스트레스를 받습니다. 이들은 스트레스를 받으면 다른 사람들의 가치마저 매기기 시작합니다. 상대방의 스펙, 사회적 지위, 인맥 등을 살펴보면서 그 사람이 과연 자신과 어울릴 만한 가치가 있는지 더 엄격하게 따지는 것입니다.

그러다 스트레스가 더 극심해지면 '자신의 시간'을 강조하기 시작합니다. 예를 들어 초과 근무를 해야 하는 상황이 생기면 "제가 계약한 근무 시간이 지났는데요."라거나 "그 일을 도와 드리면 뭔가 보상이 있습니까?"라는 식의 이야기를 합니다.

게다가 이렇게 지속적으로 스트레스를 받다 보면 결국 허무함이나 상실감에 휩싸여 전부 내팽개치고 싶어집니다. 마치 ⑨번 유형인 조화형이 스트레스를 받았을 때와 비슷한 상태에 빠지는 것입니다.

극심한 스트레스를 받는 ③번 유형의 요소가 강한 사람은 주변 사람들이 나선다고 해도 쉽게 바뀌지 않습니다. 스트레스를 많이 받는 사람일수록 '시야에 들어오는 사람'은 자꾸만 줄어들고 이상은 한없이 높아지기 때문에 자신의 본질을 마주하려는 마음이 들지 않기 때문입니다.

그런 사람을 건강한 상태로 되돌리려면 우선 비교나 경쟁에서 멀어지게 해야 합니다. 아무런 이해관계가 없는 사람들과 힘을 모아야 하는 봉사 활동 등을 통해 마음 편히 친구를 사귈 수 있는 경험을 해 보는 것도 도움이 됩니다. 세상에는 (자신을 포함한) 다양한 사람들이 존재한다는 사실을 깨닫고, 있는 그대로의 자신을 인정하지 못하는 갈등에서 벗어나는 것이 좋습니다.

'다른 무언가'가 되어야만 가치가 있다는 생각을 버리면 굳이 칭찬을 받지 않아도 살아가는 데 필요한 자신감과 용기가 생겨납

○ 스트레스를 받으면 단점이 강화된다!

니다. '다른 무언가가 되어야 한다는 굴레'에서 벗어난 ③번 유형의 사람은 특유의 부자연스러움이 사라져 정말 매력적인 사람이 됩니다.

센스 있는 독창주의자가
타인의 관심을 지나치게 갈구하게 된다

"그 사람은 왜 그렇게 항상 빛이 날까?"

"어째서 난 그런 사람이 아닌 걸까?"

"어째서 난 이렇게 태어난 걸까?"

"난 왜 그 사람처럼 될 수 없는 걸까?"

이처럼 '왜·어째서' 같은 감정에 사로잡히다 못해 결국 다른 사람을 질투하고 마는… 그런 예민한 성격 때문에 자주 갈등을 일으키는 것이 바로 ④번 유형인 독창형의 특징입니다.

④번 유형의 사람에게는 '질투'가 중요한 실마리가 됩니다. 질투란 자신에 대한 큰 기대와 지기 싫어하는 마음 그리고 무언가를 손에 넣고 싶어 하는 강한 욕구가 있어야만 생기는 감정입니다. 즉 질투하는 사람은 그만큼 다른 사람보다 많은 에너지를 가지고 있다는 뜻입니다. 자신을 다른 사람과 자주 비교하기 때문

○ 스트레스를 받으면 단점이 강화된다!

에 타인을 관찰하는 능력이 뛰어나며, 그만큼 '자신이 특별하지 않다는 것을 혹시 남들이 알아차리지는 않을까' 불안해하기 쉽습니다.

개인적인 경험으로는 유명한 예술가나 연예인 중에 이런 ④번 유형에 속하는 사람이 많았습니다. 이런 사람들은 자신이 지닌 강한 에너지를 이용해 무에서 유를 창조합니다.

④번 유형의 사람은 '사람들이 자신의 존재를 우습게 여기는 것'에 스트레스를 받습니다. 상대방이 자신을 제대로 봐 주는지, 자신을 생각해 주는지, 자신을 예의 있게 대하는지를 중요하게 생각합니다.

그래서 스트레스가 극심한 상황에서는 친구와 즐겁게 놀다가 잘 헤어져 놓고 돌아가는 길에 갑자기 '있잖아, 아까 왜 〇〇라고 한 거야? 그런 말이 나한테 상처가 될 수 있다는 생각은 안 해 봤어?'라는 문자를 보내기도 합니다. 스트레스가 심해질수록 상대방의 관심을 갈구하는 것입니다. 이런 ④번 유형의 사람은 한 사람에게 강한 애착을 보이기 때문에 다른 사람들과 가볍게 어울리려는 생각 자체를 하지 않습니다. 그런 가벼운 관계는 친구가 아니라고 생각할 수도 있습니다.

스트레스가 심할수록 특정한 상대에 대한 애착이 심해져서 그 사람에 대해 무엇이든 다 알고 싶어 하는 경향이 있습니다. 그 때문에 일대일의 관계에서는 ②번 유형인 조력형 이상으로 상대방에게 헌신적인 태도를 보입니다. 그리고 상대방도 자신에게 그만큼 애정을 주기를 바랍니다. 이런 사람들은 극심한 스트레스에 몰리면 '그냥 다 때려치우고 어디론가 가 버리고 싶은' 충동에 휩싸일 때도 있습니다.

자신이 이런 유형이라고 생각하는 사람은 다른 사람의 감정을 멋대로 대변하지 않도록 주의해야 합니다. 이런 사람들은 '그 사람이 그렇게 한다는 건 틀림없이 이런 생각을 하기 때문일 거야'라든가 '그럴 마음이 있으면 보통은 이렇게 하지 않나?'라는 식으로 다른 사람의 행동을 자기 마음대로 부풀려 생각하는 버릇이 있습니다. 하지만 이런 사람들을 고독하게 하는 것은 단지 자신의 상상일 뿐, 그 누구도 그 사람을 부정하지 않습니다. ④번 유형의 사람들이 부디 이 사실을 깨달았으면 합니다.

살다 보면 생각지도 못한 점이 자신의 강점으로 작용할 때도 많습니다. 그러므로 이런 사람들은 자신을 객관적으로 바라보는 훈련을 하는 것이 좋습니다. 그러면 모든 일을 보다 현실적이고 건설적으로 생각할 수 있게 될 것입니다.

스트레스를 심하게 받고 있는 ④번 유형의 사람과 어울릴 때 명심해야 할 점은 두 사람 사이의 거리를 일정하게 유지하는 것입니다. 그 사람이 갑자기 당신을 심하게 질책하거나 일시적으로 관계를 끊어 버릴 수도 있지만, 이에 동요하지 말아야 합니다.

이런 사람들은 언젠가 마음을 돌리기 마련입니다. 그러므로 상대방의 상처를 가볍게 여기지 말고, 너무 가까워지지 않게 적당한 거리를 유지하면서 곁에 계속 머물러 주어야만 신뢰를 얻을 수 있습니다. 그렇게 되면 독창형이 지닌 장점이 빛을 발하기 시작합니다. 이런 사람들은 자신이 고독하지 않다는 사실을 깨닫고 나면 예술적인 영감과 뛰어난 직감을 발휘합니다.

④번 유형에 해당하는 사람은 불안감이 밀려왔을 때 그 상황을 객관적인 시선으로 바라봐야 합니다. 주변 사람들이 자신을 인정하지 않는다는 혼자만의 상상을 떨쳐 버려야 합니다. 이렇게 하는 습관을 들이면 주변 사람들에게 칭찬을 듣지 않아도 자기표현을 자유롭게 할 수 있게 됩니다. 또 자신의 머릿속에 존재하는 세계관을 현실 세계에 응용해서 표현할 수도 있게 됩니다.

사실을 추구하는 냉철한 지성인이
무관심한 현실 도피자가 된다

⑤번 유형인 탐구형은 아인슈타인이나 다윈 등 역사를 뒤바꾼 수많은 위인에게 공통으로 나타나는 성격 유형이라고 생각할 수 있습니다. 물론 이런 유형의 사람들이 전부 연구자인 것은 아닙니다. 일반 회사에 근무하는 사람도 많습니다. 다만 이들은 어떤 하나의 세계, 그중에서도 특히 '아직 밝혀지지 않은 미지의 세계'를 탐구하는 것을 좋아합니다.

⑤번 유형은 실생활에서는 적확한 지시를 전달받으면 그대로 임무를 완수합니다. 탁월한 검색 능력을 갖추었기 때문에 무언가를 조사·비교하거나 시간을 산출하는 일도 잘합니다. 그러나 이들은 '사람들의 기대를 받는 것'에 스트레스를 받습니다. 이런 사람들은 '제대로 하길 바라는' 기대가 클수록 오히려 그렇게 하지 못하는 경향을 보입니다.

⑤번 유형의 심층 심리에는 '혹시 난 잘하지 못하는 게 아닐까?'라는 불안감이 숨어 있습니다. 이들은 이러한 불안감이 있기 때문에 오히려 한 분야를 깊이 파고들어 스스로를 안심시키려고 합니다. 그렇기에 '제대로 하길 바라는' 다른 이들의 기대는 그 불안감을 더 키울 뿐이며, 이들은 '도피'하기 위해 다른 일에 더 몰두합니다.

이 유형은 스트레스가 심할수록 현실과 거리를 두고 자신만의 세계에 틀어박힙니다. 대체로 게임이나 인터넷, 독서 등 다른 차원의 세계에서 위안을 얻으려는 경향이 있습니다. 현실이 아닌 곳으로 도망치는 것입니다.

스트레스가 한층 극심해지면 이들은 ⑦번 유형인 낙천형이 상태가 좋지 못할 때 보이는 것처럼 순간적인 자극을 추구하고 다른 일들에 손을 뻗기도 합니다. 예를 들어 술에 의존한다거나 활동적이기보다는 퇴폐적인 길로 빠져 버리는 경향이 있습니다.

자신이 이러한 유형에 해당한다고 생각하는 사람에게는 몸을 움직여 볼 것을 권하고 싶습니다. ⑤번 유형의 사람은 신체 감각이 예민해지면 '사고의 명확성'이 떨어져 버리는 게 아닐까 하는 공포에 시달릴 때가 있는데, 당연히 그런 일은 없습니다. '현실적인 감각'을 되찾으려면 자신이 지금 몸의 어느 부위를 어떤 식으로 움직이고 있는지, 현실 세계의 감각으로 눈을 돌리는 것이 가장 효과적입니다.

탐구형인 ⑤번 유형의 사람을 대할 때는 과도한 요구를 하지 말아야 하고, 감정에 대해서도 언급하지 말아야 합니다. 이 두 가지만 잘 지킨다면 물어보고 싶은 것은 무엇이든 물어봐도 됩니다. 만약 부탁하고 싶은 일이 있을 때는 최대한 구체적으로 부탁하시기 바랍니다. 이때 기대하던 결과를 얻지 못하더라도 상대를 질책해서는 안 됩니다.

흔하지는 않지만, 탐구형 중에서도 눈치 있게 행동하는 사람이 드물게 있습니다. 물론 눈치껏 행동하려다 가끔 엉뚱한 짓을 저지를 수도 있지만, 신경을 써 준 것에 대해서는 고마움을 표시해 보시기 바랍니다.

⑤번 유형의 사람은 다른 유형에 비해 사교성이 떨어집니다. 그래서 대다수가 '보통은 이렇게 하지 않나?'라고 생각하는 규칙을 그들에게 적용했다가 도리어 역효과가 날 수도 있습니다. 하지만 관점을 바꿔 보면, ⑤번 유형의 사람들이 당연히 할 수 있는 일을 다른 유형의 사람들은 쉽게 하지 못합니다. 또 회사에서 안 좋은 일을 당하면 누구나 불평 한마디라도 하고 싶어지는 법이지만, 이 사람들은 아무 말도 하지 않습니다.

감정에 휘둘리지 않고 무언가를 추구해 나가는 그들의 능력 덕분에 신약이나 첨단 기술이 개발되어 우리의 생활에 도움을 주고 있습니다.

안전제일주의자에서
지나치게 방어적인 사람이 된다

'돌다리도 두들겨 보고 건너라'라는 말을 생활에서 실천하는 ⑥번 유형, 안전형은 다양한 시뮬레이션을 통해 절대 자신이 실패하지 않는다는 확증을 얻은 후에 움직입니다. '계획표를 면밀하게 작성하는 것'이나 '보고·연락·상담을 하는 것'은 그야말로 안전형의 주특기입니다. 이들은 어떻게 해야 물건을 안전하게 운반할 수 있는지 구체적인 절차를 정해 주는 타입입니다.

이러한 설명을 듣고 남성이 연상될 수도 있지만, 여성 중에도 이에 해당하는 사람이 많이 있습니다. ⑥번 유형에 속하는 여성들은 삶에서 '안정'을 추구하고 배우자를 고를 때도 다른 화려한 면보다 상대방의 직업 등을 중시하는 경향이 있습니다.

그런 ⑥번 유형의 사람들은 '안전이 보장되지 않는 것'에 스트레스를 받습니다. 앞일을 예측할 수 없다는 불안에 시달려 스트레스를 심하게 받으면 누군가가 자신을 지켜봐 주기를 바라는 마음이 강해집니다.

다른 사람이 이야기하는 도중에 말을 가로채어 자신의 이야기를 한다거나 자신의 노력을 인정받지 못한 것에 대한 불만이 늘어납니다. 또 자신의 상황을 설명하려다 보니 말이 자꾸만 길어지는 경향도 있습니다.

그러다 스트레스가 더 증가하면 마치 ③번 성취형이 스트레스 상태에 놓였을 때처럼 강한 경쟁심을 드러내기 시작합니다. 입장이나 지위 등으로 우열을 가리려 하고, 상대방이 알지 못하는 전문용어를 써 가면서 우위를 점하려고 하는 경향이 나타납니다. 이는 스스로 자신이 없다는 것을 부정하려는 충동의 일종으로, 이 단계까지 온 ⑥번 유형의 사람은 방어 본능이 한층 강해져서 다른 사람을 의심하고 주변의 시선을 의식합니다. 스트레스가 심한 ⑥번 유형의 사람을 대할 때는 차갑게 굴지 말고 상대방의 페이스에 어느 정도 맞춰 주면서 그 사람을 안심시키는 것이 좋습니다. 푸념을 늘어놓아도 될 수 있으면 들어 주시기 바랍니다.

이런 사람을 설득하고 싶은 일이 있을 때는 '어째서 그렇게 할 필요가 있는지' 명확한 근거를 제시하는 것이 좋습니다. 이때 위험 회피도 확실히 할 수 있다는 점(만일 실패를 했을 때는 이렇게 된다는 것)도 보여 주면 좋습니다.

자신이 이런 유형에 속한다고 느끼는 사람은 시뮬레이션하기 전에 먼저 움직이도록 의식적으로 노력해 보시기 바랍니다. 자신의 시간을 다른 사람에게 할애한다는 점이 신경 쓰일 수도 있지만, 자신 또한 다른 사람들의 시간을 많이 빼앗고 있다는 사실을 깨달으면 변화가 나타나기 시작합니다.

머릿속을 가시화하는 방법도 추천합니다. 수첩이나 노트에 '불안하게 느끼는 것'을 적어 가며 정리해 봅시다. 어떤 식으로든 실패할지도 모른다는 불안감을 떨쳐낼 방법을 찾는 것이 ⑥번 유형의 사람이 해결해야 할 과제입니다.

자신이 지금 지나치게 시뮬레이션만 하고 있다는 사실을 깨닫고, 시뮬레이션보다 실제 경험을 더 많이 쌓고, 행동하는 도중에 궤도를 수정할 수 있는 용기를 갖게 된다면 ⑥번 유형의 진정한 장점이 빛을 발하게 될 것입니다.

⑥번 유형의 사람은 소위 '보수파'라 불리는 사람들의 특징을 갖고 있는데, 모든 일에 공격과 수비가 있듯이 보수파가 있어야만 지킬 수 있는 곳이 많이 있습니다. 공격에 능한 사람들이 알아차리기 힘든 곳을 잘 지켜 주는 이들이 바로 이 유형의 사람들입니다.

밝고 낙천적인 자유인이
신경질적인 설교 대마왕이 된다

여행이나 아이쇼핑을 하는 도중에 갑자기 무언가를 발견하고는 "어? 저게 뭐지?"라고 말하기가 무섭게 가게 안으로 혼자 들어가 버립니다. 하지만 가게를 대충 둘러보고는 바로 나와서 "마음에 드는걸?", "뭔가 달랐어."라고 좋아하다 이내 다음 목적지로 향합니다. 일정을 미리 짜는 것도, 정해진 일정을 일일이 확인하는 것도 서툽니다. 일정을 미리 짜 놓으면 오히려 벗어나고 싶은 충동이 들어서 들개처럼 여기저기 어슬렁거리게 됩니다. 일정이 정해져 있는 여행은 좋아하지 않습니다. 오히려 정해진 일정을 자신의 입맛대로 바꾸는 것을 좋아하는 것이 ⑦번 유형인 낙천형의 특징입니다.

'어? 저건 뭐야? 나도 해 보고 싶어!'라고 한 번 생각하면 곧바로 구체적인 행동으로 옮기지만 애석하게도 쉽게 달아오르는 만큼 쉽게 식습니다. 금세 질려 버리는 것입니다. 지루해지지 않기 위해 여러 분야에 관심을 가지다 보니 결과적으로 ⑦번 유형의 사람은 '다방면의 지식을 가진' 사람이 되기도 합니다.

이러한 ⑦번 유형은 '부정적인 것'을 보면 스트레스를 받습니다. 불안한 앞날에 대해 생각하게 하거나 무언가를 해야만 한다는 압력을 느끼면 스트레스가 심해집니다. 그리고 스트레스가 심해질수록 활동적(도피적)이 되고, 신경질적인 태도를 보입니다. 두뇌 회전과 행동이 지나치게 빨라져서(제어 불능 상태가 되어) 자신의 페이스를 따라오지 못하는 사람에게 짜증을 내고, 반응이 느린 사람을 질책할 때도 있습니다. 원래는 어떤 일이나 상황을 객관적인 시선으로 바라보는 능력이 뛰어나지만, 스트레스가 심해질수록 감정적인 면이 도드라집니다.

이보다 더 심한 스트레스를 받으면 자신의 한계를 넘어서서 다른 일에까지 손을 뻗고, 이를 혼자 떠맡으려고 하게 됩니다. 이때의 상태는 ①번 유형인 완벽형이 스트레스를 받았을 때와 비슷합니다. 자신뿐만 아니라 다른 사람들에게까지 절제와 규칙을 강요하기 시작하고 모든 일에 비판적인 태도를 보입니다. 이런 태도가 더 심해지면 '설교 대마왕'이 되어 상대방의 잘못을 세세하게 지적하는 등 참을성이 없어지고 다른 사람에게 차갑게 굴어 원래 지녔던 밝은 성격을 모두 잃어버립니다.

자신도 이러한 경향이 있다고 느끼는 사람은 일단 한 박자 쉬어 가십시오. 다른 사람들에게 반응을 재촉하지 말고, 반사적으로 행동하기 전에 냉정함을 되찾는 것이 중요합니다. 자신이 규칙을 정할 필요가 없다는 사실을 떠올리십시오.

두뇌 회전 속도를 떨어뜨리고, 차례차례 나타나는 이미지나 감정을 충분히 음미하는 것이 좋습니다. 명상도 추천합니다. 눈을 감고 심호흡을 한 다음, 머릿속에 떠오르는 영상이나 감정, 말을 '그래, 맞아' 하고 인식한 다음, 가볍게 내려놓아 보십시오. 의도하지 않은 망상이 머릿속에 펼쳐질 때는 '아무 생각도 하지 말아야 해!'라고 억누르지 말고 '아, 생각하는 중이구나'라는 사실을 인정한 다음, 마찬가지로 가볍게 내려놓습니다. 명상은 보통 15분 정도, 가능하다면 30분 정도 하는 것이 이상적입니다.

⑦번 유형의 사람은 무슨 일에나 쉽게 질리는 편인데, 이렇게 쉽게 질리는 성격이 심신이 안정되어 있을 때는 오히려 긍정적으로 작용할 때도 있습니다. 무엇에나 쉽게 질리는 만큼 기존의 것을 새로운 형태로 개조하는 능력이 뛰어나기 때문입니다.

오랜 전통에 새로운 숨을 불어넣는 창작자의 입장에 서서 무언가에 새로운 가치를 부여할 수 있습니다. 느긋하게 임할 수 있는 자세만 있으면 됩니다. 서둘러 결과를 내려 하지 말고 마음을 차분히 가라앉히면 박식하고 깊이가 있는 사람으로서 세상에 무언가 새로운 것을 내놓을 수 있을 것입니다.

호쾌한 리더에서
고함을 지르는 폭군이 된다

⑧번 리더형의 사람은 싱글벙글 웃으면서 "있잖아! 내가 생각난 게 있는데 말이야."하고 새로운 제안을 할 때가 있습니다. "이런 아이디어가 떠올랐는데 어때?"라는 리더의 말 한마디에 주변 사람들이 늘 이리저리 뛰어다니며 열심히 일하는데, 정작 본인은 크게 신경 쓰지 않습니다. 그런 뛰어난 감과 강한 추진력에 카리스마까지 겸비했기 때문에 오로지 자신만의 길을 가는 것처럼 보이지만, 사실 주변의 영향을 받기 쉬운 것이 바로 리더형입니다.

이런 사람들은 얼마 전에 어떤 사람을 만나 어떤 영향을 받았는지 의외로 알기 쉽고, '이거 좋은데!'라는 생각이 들면 바로 자신의 삶에 적용하려고 합니다. 게다가 '지금!'이라는 생각이 들면 오직 '지금'만 생각합니다. 이런 유형의 사람이 리더로 있는 조직에서는 시스템이 발상을 따라가지 못하거나 말이 자꾸만 바뀌어서 주변 사람들이 고생한 것이 전부 헛수고가 될 때도 있습니다. 말이 매번 달라지는데, 정작 본인은 다른 말을 하고 있다는 자각이 없기 때문에 모순을 싫어하는 ①번 유형 완벽형의 입장에서는 신뢰가 떨어질 수 있습니다(하지만 본인은 알아차리지 못합니다). 어쨌거나 항상 기운만은 넘치는 것이 바로 ⑧번 유형의 사람입니다.

이런 사람들은 '자신이 무능할지도 모른다고 (무의식적으로라도) 느끼는 것'에 스트레스를 받습니다. 무언가에 '졌다'라고 느끼는 등 스트레스가 심해지면 '겁이 많은' 본질이 고개를 들기 시작해 공격적이고 음습해집니다. 적이 사라질 때까지 상대를 공격하거나 다른 사람의 자리를 빼앗기도 합니다.

스트레스가 극한까지 쌓이면 마치 ⑤번 탐구형처럼 다른 사람이나 사회와 거리를 두고 한 가지 일에 몰두합니다. 이때 원망의 대상에게 복수할 방법을 고민하거나 상대방의 동향을 조사하기도 합니다. 어떻게든 되돌려 주겠다며 그 일에 많은 시간을 쓸 때도 있습니다.

이런 지경에 이르지 않도록 본인이 ⑧번 유형에 속하는 것 같다고 생각하는 사람은 자신이 다른 사람까지 말려들게 하고 있다는 것을 자각하기 바랍니다. 그 사람들에게 제대로 사과하거나 고마움을 표하고, 다른 이들의 노력을 가볍게 여기지 않는 것이 중요합니다. 간혹 ⑧번 유형의 사람 중에 '다른 사람의 감정을 이

하하하!

으음..

⑧번 유형에게 짜증이 나기 쉬운 ①번 유형

해하지 못하는' 경우가 있는데, 이것도 스트레스가 심할 때 보이는 반응 가운데 하나입니다. 다른 사람의 감정을 이해하지 못한다는 것은 '다른 사람을 자신의 장기 말처럼 취급하고 있다는 것'을 나타냅니다.

⑧번 유형에 속하는 사람을 상징하는 자세가 있습니다. 바로 팔짱을 끼는 것입니다. 이 자세는 자신을 지키고 안심시키려는 무의식적인 행동이기도 합니다.

'다른 사람이 날 신뢰하지 않는 것은 아닐까'라는 두려움을 버리고 안도감을 얻으면 ⑧번 유형이 지닌 고유의 장점을 서서히 되찾을 수 있습니다.

스트레스가 심한 리더형을 상대할 때는 절대 이기려 들지 말아야 합니다. 이러한 행동은 오히려 상대방의 공격성을 자극하기 때문입니다. 그렇다고 아부를 하며 넙죽 엎드릴 필요도 없습니다. 상대방의 고압적인 태도에는 굴하지 마시기 바랍니다. 의연한 태도로 임하고, 상대방이 지나친 태도를 보이면 제삼자인 공적 기관에 상담하는 식으로 대처하는 것이 효과적입니다.

역사 속 뛰어난 무장들 중에 이 유형에 속하는 사람이 많았을 것으로 추측되는데, 이처럼 ⑧번 유형은 나라를 이끌면서 수많은 목숨을 책임진 사람들에게 많이 나타나는 기질입니다.

'현재에 집중'하기 때문에 기존 방식에 얽매이지 않으며, 새로운 일에 도전할 수 있는 순발력도 있습니다. 종일 책상 앞에 앉아 있어도 떠오르지 않을 법한 아이디어를 순간적으로 떠올리기도 합니다. 이처럼 심신이 안정된 상태의 리더형이 조직을 이끌어 나가면 주변 사람들도 유연한 발상의 영향을 받아 새로운 세계를 보여 줄 수 있습니다. 이처럼 ⑧번 유형이 지닌 열의와 세상을 향한 영향력은 다른 사람들을 밝게 비추는 힘이 됩니다.

중재를 잘하는 평화주의자가
변덕이 심한 게으름뱅이가 된다

느긋한 분위기와 온화한 말투. "있잖아, 어느 쪽이 더 좋아?"라고 물으면 대부분 "아무거나 괜찮아."라는 답이 돌아옵니다. "그럼 이거랑 저거 중에 뭐가 더 좋아?"라고 선택지를 두 개로 좁혀 주어도 역시나 "정말 둘 다 괜찮아."라는 답이 돌아옵니다. "그럼 지금 기분이 어때?"라고 질문 방식을 바꿔 보자, "잘 모르겠는데."라고 대답합니다. 이는 ⑨번 유형인 조화형에게 잘 나타나는 특징입니다.

자신의 의견이 확실한 사람이라면 짜증이 날 수도 있습니다. 그렇다면 ⑨번 유형의 사람은 의지가 없는 것일까요? 절대 그렇지는 않습니다. 그저 짧은 시간 안에 생각이 정리되지 않는 것뿐입니다. 게다가 애초에 조화형은 자신을 앞에 내세우는 것보다는 주변 사람들이 그 시간을 기분 좋게 보내는 것을 더 중요하게 생각합니다. 이런 요인이 아무거나 괜찮다는 대답으로 이어진 것입니다.

다만 ⑨번 유형의 사람은 '조화가 무너지는 것'에 스트레스를 받습니다. 다른 사람과 충돌하는 것은 물론이고, 상대방에게 무언가를 강요당해 자신의 페이스가 무너지거나 누군가가 자신에게 적의를 품는 것에도 스트레스를 받습니다. 스트레스가 심해지면 모든 일을 귀찮아하는 성향이 드러납니다. 그와 동시에 참을성이 없어지거나 다른 사람에게서 마음이 떠나기도 하지만, 그랬다가 또 금세 원래대로 돌아오는 등 도무지 종잡을 수가 없어집니다. 또는 '잘못될지도 몰라'라는 무의식에서 비롯된 불안과 공포 때문에 자꾸 졸음이 쏟아지고 몸이 나른해져서 사고를 멈춰버릴 수도 있습니다.

그보다 스트레스가 더 심해지면 의욕을 완전히 잃은 사람처럼 변해버리거나 평화로운 망상에 빠져 현실 세계에서는 아예 활동하지 않을 수도 있습니다.

⑨번 유형의 사람이 가까이에 있으면 '왠지 항상 내가 결정하는 것 같은데…'라는 생각이 들고 항상 자신의 의견대로 하는 것 같아 눈치가 보이거나 모든 결정을 자신에게만 맡기는 것 같은 느낌을 받을 수 있습니다. 하지만 ⑨번 유형의 사람은 상대방과 가까워지면 오히려 자신의 의견을 고집하다 좋지 않은 결말이 났던 이전 인간관계의 경험을 떠올리기 쉽습니다. 그래서 이런 사

ㅇ 스트레스를 받으면 단점이 강화된다!

람과 어울릴 때는 자신의 방식에 맞추어 상대방을 바꾸려고 해도 어려울 수 있습니다.

⑨번 조화형을 대할 때는 답변을 재촉하지 않는 것이 중요합니다. 또한, 자기주장을 강하게 내세우거나 자신의 감정을 강요하지 말아야 합니다. 의견이나 의사를 명확히 밝히지 않는 것은 그저 이런 사람들의 특징이라 이해하고 신경 쓰지 마십시오. '답이 없는 것'이 현재 상황에서는 가장 좋은 답변입니다.

반대로 자신이 ⑨번 유형에 속한다고 생각하는 사람은 자신에게 문제로부터 도망치거나 대화를 회피하는 성향이 있다는 사실을 깨닫는 것이 좋습니다. ⑨번 유형의 사람은 확언을 피하고, 자기 생각을 뚜렷하게 밝히지 않는 경향이 있습니다. 이런 사람들에게는 자신의 감정이나 기분과 정면으로 마주하는 용기가 필요합니다. 내 감정을 이야기해도 분위기가 변하지 않는다는 믿음을 가지면 상황이 조금씩 바뀌기 시작합니다.

자신의 감정과 항상 이어져 있으려면 '이걸로 괜찮아'가 아니라 '진정으로 원하는 것'을 스스로 찾아 나갈 수 있도록 변하는 것이 좋습니다. '분노를 느낀다 한들 괜찮다'라고 인식하는 것도 중요합니다. 신체적으로는 손가락과 발가락을 움직여(넓게 벌렸다 오므리는 등) 말단에 자극을 주어 '뇌와 몸'이 연결되어 있다는 사실을 실감하게 하는 방법을 권하고 싶습니다.

'자신과 이어지는 것'이 ⑨번 유형의 사람을 빛나게 할 수 있는

길입니다. 포기하지 말고 나만의 모습을 찾아가다 보면 '진정한
평화'를 얻을 수 있게 될 것입니다.

5장

성격 그룹별 최적의
인간관계 솔루션!

감정에 무딘 사람을
대하는 방법

이번 5장에서는 각각의 성격 유형을 그룹별로 나누어 살펴보겠습니다.

4장에서 각각의 성격 유형이 지닌 장점과 스트레스를 받았을 때 나타나는 변화를 살펴보았는데, 사람에게는 저마다 선호하는 접근 방식이 있기 마련입니다. 그래서 똑같은 행동을 취해도 사람마다 이를 전혀 다르게 느낄 수 있습니다. 이처럼 상대방이 좋아하거나 싫어하는 접근 방식을 알지 못한 채 자신이 좋아하는 방식으로 다른 사람에게 접근했다가는 충돌이 일어나기 쉽습니다. 그래서 이번에는 접근 방식의 규칙을 대표적인 사례와 함께 소개해 보려고 합니다.

처음 할 이야기는 '감정'에 대한 것입니다. 감정적인 교류를 좋아하는 사람도 있지만 싫어하는 사람도 있습니다. 이를 좋아하는 대표적인 유형은 ②번 조력형과 ⑧번 리더형입니다.

전자는 말 그대로 마음과 마음을 주고받는 것을 중시하고, 후자에게도 '가까운 사람과는 속마음을 털어놓고 싶어 하는' 마음이 있기 때문에 감정적인 말을 할 때가 많습니다. 그래서 자신이 짜증을 낼 때 상대방이 냉정한 태도를 보이면 오히려 짜증이 더 솟구쳐 버립니다.

소년 만화를 보면 '주먹과 주먹을 맞부딪치는'이라는 표현이 자주 등장합니다. 바로 이것이 ⑧번 유형이 추구하는 감정적인 교류이며, 이들은 '속을 터놓고 이야기한다' 같은 표현도 좋아합니다. 그런 의미에서 ②번 유형보다 좀 더 깊은 감정의 교류를 원한다고 할 수 있습니다.

반면 그러한 감정의 교류를 숨 막혀 하는 사람이 있는데, 바로 ⑦번 낙천형과 ⑨번 조화형입니다. 이들은 숨 막힌다고 느낄 만큼 감정의 교류를 싫어하고, 교류를 시도하면 심지어 일할 의욕마저 저하되어 버립니다.

두 유형은 낙관주의에 가까우며 기본적으로 '괜찮아, 어떻게든 될 거야'라고 생각하는 경향이 있습니다. 그래서 '재미있겠다', '기쁘다'와 같은 긍정적인 감정은 좋아하지만, 부정적인 감정은 제대로 다루질 못합니다. 그래서 이런 유형의 사람에게 자신의 말을 들으라고 화를 내거나 눈물로 호소하며 허락을 받아내려 했다가는 오히려 역효과를 낼 수 있습니다.

예를 들어 학교 시험이나 수능을 앞둔 자녀에게 "언제까지 놀고만 있을 거야? 공부를 안 하면 너희 아빠 같은 사람이 되는 거야! 알겠어?"라는 식으로 말하는 것은 피해야 합니다. 아이 입장에서 생각해 보면 가뜩이나 공부하기 싫은데 엄마가 멋대로 아빠와 비교를 하면서 자신의 앞날을 저주하고 있다는 기분이 들지 않겠습니까.

만약 자녀가 위기의식을 중시하는 ⑥번 안전형이라면 "그건 안 되는데! 얼른 공부해야지!"라고 생각할 가능성이 있지만, ⑦번이나 ⑨번 유형에게는 그런 방법이 절대로 통하지 않습니다. '아, 공부할 마음이 쏙 들어가네…', '아니, 굳이 그런 식으로 말할 건 없잖아…'라고 생각할 것입니다. 해야 할 일을 외면해 버리고 그냥 놀러 나가거나 게임에 몰두할 수도 있고, 갑자기 만화책 전권을 사서 읽기 시작할지도 모릅니다.

이들은 다른 사람의 욕구를 무거운 짐으로 느끼는 경향이 있기 때문에 다른 사람이 자신에게 기대를 거는 것도 부담스러워합니다. ⑦번이나 ⑨번 유형의 사람에게서 의욕을 이끌어 내려면 긍정적인 피드백을 하는 것이 효과적입니다.

"정말 대단하다!"라고 직접 칭찬을 하거나 "○○씨가 맡은 일 말이에요, △△씨가 잘했다고 칭찬하던데요?" 같은 말로 제삼자의 입장에서 말하면 아마 더 좋아하고 의욕도 증가할 것입니다. 이런 사람에게는 '이렇게 되지 않게 하자!'보다 '이렇게 될 수 있게 하고 싶어!'라는 생각이 그 일에 적극적으로 임할 수 있게 하는 힘이 됩니다.

지시받아야 잘하는 사람과
그 반대인 사람을 파악하라

"부모님 말씀을 잘 따라서 다행이었다고 생각해. 이상하다고 느낀 부분도 거의 없었어.", "스스로 판단해야 하는 상황이 생기면 '왜 정해 주지 않는 거야?'라는 마음이 들어요."

이런 말을 들으면 여러분은 어떤 느낌이 드십니까? 세상에는 모든 일을 '스스로 결정하고 싶어 하는' 그룹과 '다른 사람이 결정해 주는 것을 편하게 느끼는' 그룹이 있습니다.

앞서 소개한 말과 같이 생각하는 사람은 '다른 사람이 결정해 주는 것을 편하게' 느끼는 사람으로, 특히 ①번 완벽형과 ⑥번 안전형에게 많이 나타나는 특징입니다. 이 두 유형의 성격에는 기본적으로 '다른 사람의 기대에 부응하고 싶어 하는 마음'이 깔려 있습니다. 그래서 다른 사람에게 지시를 받거나 자신을 이끌어주는 사람이 있을 때, 또는 '이것이 정답'이라고 알려주는 명확한 기준이 있을 때 훨씬 동기 부여가 잘 됩니다.

①번 유형은 '해야 한다'와 같은 단정적인 표현을 쓸 때가 많아서 얼핏 자기주장이 강해 보일 수 있습니다. 하지만 이는 '정답'에 대한 모순을 집요하게 파고드는 것일 뿐, 항상 자신만의 확고한 의사가 있는 것이 아닙니다. 반면 ⑥번 유형은 '안심'을 중시하는 타입입니다. 모두의 행동이 일치해야 더 안심할 수 있기 때문에 어떤 기준을 두는 것을 좋아합니다.

①번 유형과 ⑥번 유형의 차이를 설명하기 위해 마라톤을 예로 들어보겠습니다. 혼자서 선두로 달리고 있는 상황에서 ⑥번 유형은 주변에 아무도 없는 것이 불안해서 자꾸만 뒤를 돌아보게 되고, ①번 유형은 '다들 코스를 잘못 안 모양이네. 괜찮을까?'라고 생각합니다. 어쨌거나 두 유형 모두 질서를 지키면서 생활할 수 있습니다.

반면 "이렇게 해!"라는 말을 들으면 '뭐? 자기가 뭔데 내 할 일을 멋대로 정하는 거야? 아, 짜증 나서 하기가 싫어지네'라고 반발하는 유형도 있습니다. 특히나 부정적인 반응을 보이는 것이 ④번 독창형과 ⑧번 리더형입니다. 두 유형 모두 이렇게 하라고 길을 지시받으면 자신의 존엄을 빼앗겼다고 느끼는 경향이 있습니다.

④번 유형은 '자기 자신으로 있는 것'을 중요하게 생각합니다. 자신의 니즈에 딱 맞는 퍼즐 조각을 스스로 찾으려고 하는 경향

이 있기 때문에 다른 사람이 지시하는 말을 들으면 자신이 필사적으로 찾고 있는 퍼즐 조각을 타인이 다른 조각으로 대충 대체하려 했다는 느낌을 받습니다. 최소한 "당신은 어떻게 하고 싶습니까?"라고 자신의 의사를 물은 후에 지시를 내려 줬으면 좋겠다고 생각하는 경향이 있습니다. 반면 ⑧번 유형은 독립적이고 독보적인 사람이기 때문에 다른 사람이 자신의 진로를 멋대로 결정하려는 행동 자체를 이해하지 못합니다. 그래서 어떻게 하라고 지시하면 그 순간부터 입을 꾹 다물어 버립니다.

자신이 나아가고 싶은 길이 있거나 또는 누군가가 걸어갔으면 하는 방향이 있을 때는 이 두 유형의 차이에 대해 잘 생각해 봐야 합니다. 그래야 서로 '말꼬리'를 물고 늘어지며 충돌하는 일을 피할 수 있습니다.

의식적으로 마운팅을 하는 사람,
무의식적으로 마운팅을 하는 사람

'마운팅'이라는 표현이 있습니다. 원래 원숭이 같은 동물이 다른 개체 위에 올라타 '자신이 더 위'라는 사실을 어필하는 행위를 뜻합니다. 하지만 인간은 남들에게 자신을 어필하는 방식이 성격에 따라 다르게 나타납니다. 가장 알기 쉽게 마운팅을 하는 것은 다음 세 가지 유형입니다.

③번 성취형, ⑦번 낙천형, ⑧번 리더형입니다. 이 유형들은 '하고 싶어 하는 일'에 대한 의사 표현이 확실한 편이기 때문에 그만큼 마운팅 표현도 알기 쉽습니다.

먼저 ③번 유형은 '스펙이나 사회적 지위'를 이용해 마운팅을 합니다. 사는 곳, 고급 외제차, 명품 가방이나 시계, 신용카드 등을 어필하거나 세련된 풍경과 아이템, 생활 스타일, 자신의 실적이나 인맥 등을 어필합니다.

⑦번 유형은 '아는 척'을 하며 마운팅을 합니다. 무슨 일이든 빨리 흡수하는 만큼 '나 그거 아는데'라는 느낌을 풍기기 쉽고, 다른 사람들에게 자신을 '뭘 좀 아는 사람'으로 포장함으로써 자신의 위치를 확보하려고 합니다. 스트레스가 심한 사람 중에는 "대체 왜 알아서 척척 못하는지 이해가 안 돼."라는 식의 말을 하는 사람도 있습니다.

⑧번 유형은 어떤 한 가지 행동으로 마운팅을 한다기보다는 모든 말과 행동에 마운팅을 하는 요소를 담고 있다고 봐야 합니다. "5억짜리 집을 현금으로 샀어."라며 금전적인 이야기를 구체적으로 하거나 과거의 무용담을 늘어놓는 경향이 있습니다.

이 세 유형은 의식적으로 마운팅을 하기 때문에 비교적 알기 쉽습니다.

그렇다면 다른 유형은 어떤 식으로 마운팅을 할까요? 사실 그럴 의도가 아니지만 '무의식적으로 마운팅하는' 사람도 꽤 많습니다. 본인은 그것이 자신을 어필하는 행동이라는 자각을 하지 못하지만, '다른 사람과의 서열'을 의식하는 말이나 행동이 나올 때가 있는 것입니다.

무의식적인 마운팅은 특히 ①번 완벽형, ②번 조력형, ⑥번 안전형에게 많이 나타납니다.

이 세 유형은 성실히 일하는 노력가라는 공통점이 있습니다. 심신이 건강한 상태에서는 아무런 문제가 없지만, 컨디션이 나빠지기 시작하면 이런 노력가라는 성질이 '무의식적인 마운팅'을 일으킵니다.

①번 유형은 다른 사람이 일을 자꾸만 '대충하는 것'처럼 느껴지면 '내가 전부 하지 않으면 제대로 된 결과를 낼 수 없어'라는 생각이 들어 온갖 일(업무든 집안일이든)을 혼자 도맡아 버립니다. 자기가 하는 게 더 빠르고 결과도 좋다는 마음이 강해져서 때로는 '세상 사람들이 다 나 같으면 얼마나 좋을까?'라는 생각마저 할 수 있습니다. 이처럼 '다른 사람에게 결코 일을 맡기지 못하는' 경향이 나타납니다.

반면 ②번 유형은 '모두의 엄마'가 되려는 성향이 있습니다. 그런데 이런 성향이 과해지면 '내가 없으면 넌 아무것도 못 하잖아'라는 생각으로 이것저것 참견하게 됩니다. 그런데 이런 행동은 상대방을 자신에게 의존하게 만들려는 측면도 있기 때문에 다른 사람의 영역을 침범하기 쉽습니다. 조금 과한 표현일 수 있지만 '고부 갈등'과도 같은 사태가 벌어집니다.

⑥번 유형은 앞일에 대비를 잘하는데, 컨디션이 나빠지면 '내가 기껏 해 주었는데…'라는 생각에 빠지기 쉽습니다. 또 근무처나 자신이 과거에 속해 있던 팀이나 지역 같은 '소속 조직'을 방패로 우열을 점할 때도 있습니다. 예를 들어 출신 지역, 부모님의 고향, 졸업한 학교, 동아리, 입사 연도, 현재 사는 동네 등 상대방의 스펙을 확인한 다음 자신이 위라고 생각하면 상대방을 무시하

는 듯한 태도를 보이기도 합니다.

이처럼 아홉 가지 성격 유형 가운데 마운팅을 하는 부류가 여섯 유형이나 됩니다. 이렇게만 놓고 보면 이 세상은 산꼭대기에서 생활하는 산악 부족으로만 이루어진 것이 아닐까 하는 생각이 들겠지만, 이는 자신의 심리적 균형을 유지하기 위한 시스템이라고 이해하는 것이 좋습니다.

마운팅을 과도하게 한다는 것은 그 사람이 그렇게 과하게 할 수밖에 없는 환경에 처해 있으며, 그만큼 열심히 노력하고 있다는 반증이기도 합니다. 그렇게 생각하면 사람들이 마운팅을 할 때마다 일일이 비판적인 반응을 보이지 않고, 적당히 넘겨 버릴 수(허용할 수) 있을 것입니다.

주장을 잘하는 세 가지 유형과
그들의 페이스에 휩쓸리지 않는 방법

"○○ 좀 해!"라든가 "싫어! 하고 싶지 않아."라고 명확히 자신의 의견을 주장할 수 있는 사람과 그렇지 못한 사람이 있습니다. 아홉 가지 유형 중에 자기주장을 잘하는 유형은 ③번 성취형, ⑦번 낙천형, ⑧번 리더형입니다.

③번 유형은 가끔 농담을 던져 상대방에게 다른 인상을 주면서 전략적으로 대화를 이끌어 나가는 특징이 있습니다. 예를 들어 단체 채팅방에서도 주변 사람들의 의견을 다 듣고 이를 정리하는 듯한 행동을 하지만, 알고 보면 전부 자신에게 편한 선택지만을 남겨 두는 식입니다. 이들은 '목표를 달성'하려는 강한 집념이 있기 때문에 상대방이 부탁을 거절해도 쉽게 물러서지 않습니다. 하지만 감정적으로 돌려 말하는 법이 없어서 상대방이 부탁을 못 이긴 척 들어 주어도 자신이 상대방에게 감정적으로 끌려다니는

일이 생기지 않도록 상대방을 잘 설득합니다. 이것이 ③번 유형의 대단한 점이라 할 수 있습니다.

또 이런 사람들은 다른 사람을 설득할 때 상대방에게 이득이 될 만한 내용만 잔뜩 늘어놓습니다. 그러므로 그들의 의견을 파악할 때는 이득뿐만 아니라 손해가 될 만한 부분은 없는지 꼼꼼히 확인해 봐야 합니다. 이야기를 나누다가 주도권을 빼앗겼다는 생각이 들면 메모를 하면서 듣는 것도 좋은 방법일 수 있습니다.

⑦번 유형은 티를 내지 않고 자신만의 개인 공간을 확보하는 재주가 있습니다. 많은 사람들과 함께 있을 때든 한 마리 늑대처럼 무리에서 떨어져 있을 때든 자신이 안심할 수 있는 공간을 잘 찾아냅니다. 활동적인 ⑦번 유형은 다른 사람에게 이것저것 추천하기를 좋아하지만, 끝까지 들으면 항상 마지막에 "나도 잘 모르지만 말이야."라는 말이 따라붙습니다. 그래서 그들의 이야기에 휩쓸리지 않게 조심하는 것이 좋습니다.

⑧번 유형은 주위에 사람이 있을 때 비로소 자신의 능력을 발휘합니다. 자신의 힘을 과시하거나 자신의 생각을 열정적으로 늘어놓으면서 주변을 온통 자신의 색으로 물들이려고 합니다. 하지만 ⑧번 유형의 사람은 자신에게 아부를 떠는 사람은 신뢰하지 않습니다. 서로 솔직하게 이야기를 나눈 끝에 자신의 의견을 관철하는 것을 이상적으로 생각하는 경향이 있기 때문입니다. 이런 사람을 대할 때는 위압감을 느끼더라도 당당함을 유지해야 합니

다. 겁먹지 말고 당당한 태도를 보인다면 그 사람과 좋은 관계를 맺을 수 있을 것입니다.

지금까지 설명한 세 유형이 바로 자기주장을 잘하는 사람들입니다. 이들은 다른 사람들을 설득하는 데에 능하기에 이 유형의 사람들과 의견이 다를 때는 그 사람의 말에 휩쓸리지 않게 주의하시기 바랍니다.

'보통 이렇지 않아?'의
'보통'이 무엇인지 파악하라!

"보통은 말이야…."라는 말처럼 우리는 일상에서 '보통'이라는 말을 자주 듣습니다. 그러나 '보통'의 기준은 사람마다 다르기에 당연히 이러한 표현을 사용하는 의도도 사람마다 다를 수밖에 없습니다. 사람마다 다른 이 기준을 미리 알아 두면 상대방이 무슨 말을 하려는 것인지를 이해할 수 있게 되어 불필요한 갈등을 피할 수 있습니다.

보통이라는 표현을 많이 쓰는 유형은 ①번 완벽형, ④번 독창형, ⑥번 안전형입니다. 차례대로 한번 살펴봅시다.

①번 유형의 사람이 하는 "보통 이렇지 않아?"라는 말은 직역하자면 '그거 이상해'라는 의미입니다. ①번 유형은 모든 일을 선악으로 나누는 경향이 있어서 자신이 생각하는 '선'에서 벗어나는 행동을 지적할 때 '보통'이라는 표현을 씁니다. 상대방이 이렇게

말했을 때 자신의 생각에 대한 근거를 논리정연하게 제시할 수 있으면 충돌을 피할 수 있을지도 모릅니다.

⑥번 유형의 사람이 하는 "보통은 말이야….'라는 말은 '너만 지금 의견이 다르잖아!'라고 지적하는 것입니다. 이때, 자신의 주장을 내세우고 싶다면 '당신의 안전을 위협하는 일은 없을 것'이라고 상대방을 설득하는 것이 좋습니다.

반면 ④번 유형이 사용하는 '보통'이라는 표현은 좀 더 특이한 의미를 담고 있습니다. 애초에 ④번 유형은 '보통 사람들과 다르고 싶어 하는 사람'입니다. 그런데 어째서 '보통'이라는 말을 다른 사람에게 꺼내는 것일까요?

④번 유형의 사람은 '자신의 내면에 키워 온 자신의 이미지'를 주변 사람들이 눈치채지 못했을 때, 자신의 존재를 다른 사람들이 우습게 안다고 느꼈을 때 이 '보통'이라는 표현을 많이 사용합니다. 즉, '(나한테 무례하게 굴다니) 실례잖아!'라는 의미가 담겨 있습니다. 이런 사람을 대할 때는 상대방이 원하는 바를 알아차릴 수 있는 관찰력과 ④번 유형의 사람이 심한 말을 해도 동요하지 않는 담대함을 갖추는 것이 중요합니다.

이처럼 "보통은….'이라는 말을 들었을 때 "보통이라는 게 대체 뭔데?" 같은 반응으로 화를 내며 말꼬리를 잡고 늘어지지 말고, 상대방의 의도를 먼저 이해하면 상대방이 자신에게 무엇을 요구하고 있는지 쉽게 알 수 있습니다. 여러분이 이런 태도를 보이면 상대방이 생각하는 정의의 기준도 한결 느슨해져서 좀 더 쉽게 가까워질 수 있을 것입니다.

먹고, 자고, 의존하고…
불만이 '욕구'로 표출되는 사람들

제 수업은 '자녀 동반 대환영'입니다. 아이들이 노는 모습에도 각자가 지닌 성격의 유형별 특징이 잘 나타납니다. 아무 말도 하지 않고 조용히 혼자 노는 아이가 있는가 하면 수업 내내 자는 아이, 제 이야기에 호응하며 이야기에 끼어드는 아이도 있습니다.

기본적으로 아이들은 아직 어리기에 성격 유형을 특정할 수 없지만, ⑧번 리더형의 성향이 강하게 엿보이는 아이들이 '배고프다'라는 사실을 어필하는 모습을 보면 웃음이 터지고 맙니다. 제 앞을 가로막은 채 주먹밥을 먹기 시작하는 아이, "배고파!", "엄마, 밥 줘!"라며 엄마에게 달라붙는 아이, 제 책상을 두드리거나 발로 차면서 소리로 배고픔을 호소하는 아이도 있습니다.

이러한 성질은 성인이 된 후에도 크게 달라지지 않는데, ⑧번 유형의 사람은 공복인 상태에서는 기력이 달려 짜증을 부리거나 사고가 정지해 버리기도 합니다. 이러한 사실을 스스로 인지하고 있는 사람은 공복감을 느끼지 않도록 간식을 따로 챙기기도 합니다.

<u>이 같은 식욕이나 수면욕은 각각의 성질을 잘 나타냅니다.</u>

⑨번 조화형 같은 경우에는 문제를 회피하거나 심신을 회복할 목적으로 '정신적인 수면'을 택하기도 합니다. 이는 그 자리에서 벗어나고 싶은 마음을 나타내는 것이기도 합니다. 이 유형은 표면적으로 다른 사람에게 잘 맞추어 주는 편이기 때문에 겉으로는 맞장구를 치고 있는 듯 보여도 '그 안에 있는 사람'은 이미 잠에 빠져들어 아무것도 듣지 못하고 있을 수도 있습니다. 상대방이 이런 상태에 빠졌을 때는 가끔 이름을 부르거나 질문을 던지면서 현실로 끌어내는 방법이 있습니다. 지금 그 사람에게는 자신을 보호하기 위한 시스템과 신체적인 욕구가 함께 작용하고 있으니 말입니다.

또 ⑥번 안전형은 다른 사람과 부딪치지 못하는 좌절감을 음식이나 술, 담배 등 다른 것으로 해결하려는 경향이 있습니다. 자신이 그런 것들에 의존하고 있다는 사실을 알아차리고, 그 양을 조금씩 줄여나가는 것이 자신을 위해서도 좋습니다.

⑦번 낙천형은 쇼핑에 돈을 펑펑 쓰는 경향이 있습니다. 물론 쇼핑할 때는 '이런 좋은 가격을 놓칠 수 없지!'라는 생각이 작동하지만, 이는 어디까지나 도피 행동의 일종일 뿐입니다. 이처럼 자

신을 순간적으로 만족시키는 행위를 자제하고, 기다리는 힘을 키우면 ⑦번 유형의 사람도 안정을 되찾을 수 있습니다.

'당신을 위해'라는 말을 듣고
짜증 내는 사람과 기뻐하는 사람의 차이

'당신을 위하는 마음으로'라는 표현을 많이 들어보셨을 것입니다. 이 말은 '그렇게 하는 것이 상대방을 행복하게 해줄 것'이라는 생각이 있어야 할 수 있는 말로, 이런 표현을 좋아하는 사람과 싫어하는 사람이 있습니다.

①번 완벽형, ②번 조력형, ⑥번 안전형은 이런 말을 좋아합니다. 이들은 모두 구체적인 기준을 중시하기 때문에 자신도 이런 말을 '듣고 싶어' 합니다. 물론 다른 사람에게도 이런 말을 많이 씁니다. 이런 사람들은 스트레스가 심할수록 자신의 말을 따르지 않는 사람에 짜증을 내는 경향이 있습니다.

반면 ④번 독창형, ⑦번 낙천형, ⑨번 조화형은 이런 말에 강하게 반발합니다. 이들 유형은 통제당하는 것을 두려워하기 때문에 '당신을 위해'라는 말에서 '강요당하는' 느낌을 받고 지나치게 반발합니다. ④번 유형의 사람은 울거나 소리를 지를 수도 있습니다. ⑦번 유형은 방 안에 틀어박혀 갑자기 한 가지 일에 몰두하거나 놀러 나가 버릴 수도 있습니다. ⑨번 유형은 입을 꾹 다물고 아무런 반응을 하지 않을지도 모릅니다. 이런 유형의 사람들에게 감시나 규칙을 강화하면 반발심이 더욱 커져서 갈등의 골이 깊어지는 결과를 낳게 됩니다.

우선 서로의 생각을 확인하고 상대방의 행동 원리를 파악한 다음, 자신의 행동 원리를 깨달아 기준을 조금씩 낮춰야 합니다. 성격 유형과 관계없이 누구나 심신이 안정된 상태에서는 상대방에게 어느 정도 맞춰 줄 수 있기 때문입니다.

무신경한 말투에 짜증이 나는 사람과
'무신경한 말투'가 뭔지 모르는 사람

"네가 무신경해서 화가 난다."라는 표현을 자주 하는 사람이 있습니다. 반면 자신이 한 말에 화를 내는 사람을 보고 "농담이 통하지 않는다."라고 말하는 사람도 있습니다. 이러한 차이도 역시 각각의 성격 유형별 차이에서 비롯됩니다.

⑦번 낙천형과 ⑧번 리더형은 유머러스한 대화를 좋아합니다. 이들은 유머를 중요하게 생각할 뿐만 아니라 이를 '지성'이라고 느낍니다. 특히 ⑧번 유형의 사람은 대화하는 도중에 '독설'을 양념처럼 뿌리기를 좋아합니다. 하지만 때로는 너무 과해서 심술궂게 들릴 때도 있습니다.

반면 ②번 조력형은 이런 사람들에게 화가 납니다. 이들이 생각하는 '애정 넘치는 표현'은 상대방에게 다가가기 위한 것이므로, 상대방의 말에 반대하거나 독설을 내뱉지 않도록 주의해야 한다는 생각을 합니다. 그래서 농담을 즐기는 사람을 무신경하다고 느낄 때가 많습니다. 그렇다면 이 유형의 사람은 독설을 전혀 하지 않느냐? 그렇지도 않습니다. 스트레스가 심해져 자신을 보호하려는 마음이 생기면 '내 일이 잘 풀리지 않는 건 네 탓이야'라는 의미의 표현을 사용할 때도 있습니다. 그러면 농담을 즐기는 사람은 또 이런 말을 듣고 "그런 말을 하다니 실례잖아!"라고 화를 내게 되어 대립이 더욱 심해질 수 있습니다.

애초에 ⑧번 유형이 생각하는 상냥함은 '어려운 상황에 놓였을 때 잡은 손을 쉽게 놓지 않는 것'입니다. 반면 ②번 유형이 생각하는 상냥함은 '부정하지 않는 것'입니다. 이러한 기준의 차이가 말과 행동 그리고 이를 받아들이는 방식마저 달라지게 한다는 사실을 깨달으면 상대방의 말이나 행동이 자신에게 상처를 주려고 한 것이 아니라는 점을 이해할 수 있습니다.

'바라는 점'의 차이를 이해하면
갈등이 줄어든다

　사람에게는 기본적으로 '이런 식으로 나를 표현하고 싶어'라든가 '이런 식으로 나를 받아들여 주었으면 좋겠어'라는 바람이 있습니다. 이러한 바람이 일치하지 않고 충돌하면 마찰이 생깁니다.

　이때 감정적으로 행동하면 상황은 계속 악화됩니다. 한 번 상황이 악화되어 극단으로 치달으면 관계가 끊어질 수도 있습니다. 갈등을 겪고 있는 동안에는 해결의 실마리를 찾기 어려운 법이지만, 이러한 갈등을 해결할 수 있는 열쇠는 사실 서로에게 '바라는 점'에 있습니다.

　이제껏 각각의 성격 유형을 자세히 살펴봤습니다만, 이러한 성격 유형들이 지닌 근본적인 욕구를 다시 한번 정리해 봅시다.

유형 ① **완벽형:** 모순이 없고 분별력이 있는 것

유형 ② **조력형:** 애정과 배려가 넘치는 사람이 되는 것

유형 ③ **성취형:** 가치가 있고 걸출한 것

유형 ④ **독창형:** 독특하고 질 좋은 것

유형 ⑤ **탐구형:** 명석하고 전체를 볼 수 있는 것

유형 ⑥ **안전형:** 신중하고 안전한 것

유형 ⑦ **낙천형:** 괴롭지 않고 기쁘기만 한 것

유형 ⑧ **리더형:** 독립적이고 강한 것

유형 ⑨ **조화형:** 자연스럽고 평화로운 것

사람은 저마다 이런 기준을 목표로 하며 생활하고 있습니다. 다른 사람을 대하는 방식이나 다른 사람의 말을 받아들이는 방식도 기준을 바탕으로 생겨난 것입니다. 인간관계에 문제가 생기거나 그런 문제를 오랫동안 해결하지 못했다면 자신과 상대방이 서로에게 무엇을 바라는지 다시 한번 확인해 보기 바랍니다.

자신이 원하는 것만 계속 요구하면 당연히 상대방의 마음은 상할 수밖에 없습니다. 그렇다고 상대방의 요구만 계속 들어주다 보면 내 스트레스가 쌓입니다. 오랜 경험을 통해 느낀 점은, 한 사람이 '상대방을 이해하려고' 노력하다 보면 상대방도 그 사람을 자연히 존중하게 된다는 점입니다. 신기한 일이지만, 자연스레 서로에게 맞추어 나가게 되고, 관계도 한층 원만해집니다.

가정이나 그룹에서 분쟁이 발생하면 일단 여기에 관여한 사람들의 주장을 일목요연하게 정리해 봅시다. 감정적인 사람이 분위기를 한쪽으로 몰고 가 버릴 때는 이에 대해 적어 두는 것도 좋은 방법입니다. 문제가 발생했을 때는 대부분 상대에게 문제가 있다고 느끼지만, 상황이 정리되고 각자의 '의도'가 보이기 시작하면 타협점을 찾기 쉬워집니다.

이때 자신이 할 수 있는 일과 상대방이 할 수 있는 일을 구분해서 생각할 필요가 있습니다. 어떤 갈등이 생겼을 때 이를 '옳고 그름'의 기준으로 판단해 버리면 갈등에서 벗어나기가 어려워지지만, 상대방이 바라는 점을 살피고 자신이 할 수 있는 일을 찾으면 갈등을 좀 더 빨리 해결하거나 처음부터 갈등을 일으키지 않을 수도 있습니다.

상대방을 이해한 후에 행동하는 것. 매우 간단하지만 쉽지는 않은 일입니다. 제가 인간 관찰을 통해 얻은 가장 큰 변화는 바로 이것이라고 생각합니다.

경험? 두근거림? 정보 수집?
의욕의 스위치를 찾는 방법

부하 직원을 둔 분이나 자녀를 키우는 분에게 "어떻게 하면 부하(또는 아이)에게 의욕을 불어넣을 수 있을까요?"라는 고민 상담을 받을 때가 있습니다. 어쩐지 '의욕의 스위치, 네 건 어디에 있니?'라는 입시학원 광고 음악이 떠오릅니다만, 이 가사처럼 의욕의 스위치는 사람마다 다릅니다.

의욕 스위치에 대해 좀 더 구체적으로 설명하자면 '어떤 일을 시작할 때, 무엇을 기점으로 움직이는가?'라는 시작 포인트라 할 수 있습니다.

성격 분석의 세계에서는 인간의 행동을 유발하는 요소를 '본능', '감정', '사고'라는 세 개의 카테고리로 분류합니다.

'본능'은 오감의 감각으로, 일단 경험을 해 보고 그 경험에서 느낀 '유쾌함·불쾌함'을 기준으로 판단을 내리는 성질을 말합니다.

'감정'은 심리적인 감각으로, 특히 '두근거림(설렘)'을 기준으로 판단을 내리는 성질입니다.

'사고'는 이성적인 것으로, '이걸 하고 나면 뭐가 있지?'라는 미래에 대한 상상이나 정보 수집을 통해 판단을 내리는 성질입니다.

모든 사람은 이 세 요소를 다 지니고 있지만, '주로 무엇을 기준으로 결정을 내리는지'는 성격 유형별로 달라집니다.

'본능'을 기준으로 삼는 사람(①번·⑧번·⑨번 유형)

이 그룹에게 중요한 것은 '일단 경험하자!'입니다. 먼저 현장의 분위기를 접한 다음 실제로 해 보고 나서 할지 말지를 결정합니다. '자세한 내용은 나중에 알아보면 된다'라는 것이 이 그룹이 가진 생각입니다.

'감정'부터 움직이는 사람(②번·③번·④번 유형)

이 그룹의 사람들에게 무엇보다 중요한 것은 '두근거림'입니다. 선생님이 예쁘거나 멋있는지, 그곳의 인테리어가 세련되었는지, 그 분야에서 일하는 사람들의 이미지가 어떤지 등 인상으로 할지 말지를 결정합니다.

'사고'부터 시작하는 사람(⑤번·⑥번·⑦번 유형)

이 그룹의 사람들에게 필요한 것은 정보입니다. 장소가 어디인지, 어떤 사람이 관련되었는지, 전망이 어떠한지 등을 물은 다음에 할지 말지 판단을 내리고, 감정을 맨 마지막에 음미하는 타입입니다.

이렇게 보다 보면 '어? 이 유형이 여기에 속한다고?' 하는 의문이 들 수도 있습니다. 사실 본능 그룹에 들어가 있는 ⑨번 조화형, 감정 그룹에 속해 있는 ③번 성취형, 사고 그룹에 있는 ⑦번 낙천형은 이미지와 다를 수 있습니다.

⑨번 유형의 사람은 붙임성이 좋고 온화한 성품을 지녔지만, 스트레스가 심해지면 고집을 부리고 게으름을 피우는 면도 있습니다. 이런 성격의 바탕에는 사실 '본능(경험)'이 깔려 있습니다. 누구도 자신의 세계에 두고 싶어 하지 않는 불안감이 있고, 자신에게 맞거나 맞지 않았던 경험을 바탕으로 판단을 내립니다. 다만, ①번 유형이나 ⑧번 유형에 비해 반응 속도가 느리고 다른 의견을 듣고도 '어느 쪽이든 상관없어'라는 반응을 보일 때가 많으므로 그럴 때는 결정을 잘 내리는 사람에게 선택권을 주면 된다고 생각합니다.

또 이해관계를 중시하는 ③번 유형의 사람은 얼핏 보기에 '사고'에 입각해 움직이는 것처럼 보이지만, 처음에는 이미지를 중시합니다. 가슴을 뛰게 하는 '멋진 것'이나 '아름다운 것'이 이들에게는 의욕의 원동력이 됩니다.

또 '생각나면 바로 행동하는 것'처럼 보이는 ⑦번 유형도 알고 보면 사고를 중시합니다. 뭐든지 감정적으로 결정하는 것처럼 보이지만, 사실은 두뇌 회전이 빨라서 '이걸 하면 즐겁겠지?(싫증이 나지는 않을까?)'라는 결과를 먼저 상상한 후에 판단을 내립니다.

이처럼 유형별로 의욕의 스위치가 켜지는 포인트를 파악해 두면 함께 여행 계획을 짜거나 다른 사람에게 새로운 취미를 권유할 때 도움이 됩니다.

'본능' 그룹에 속하는 사람에게는 간접경험을 할 수 있도록 자신의 경험담을 들려주고, '감정' 그룹에 속하는 사람에게는 사진이나 동영상 같은 이미지를 보여 주고, '사고' 그룹에 속한 사람에게는 방대한 정보를 제공하며 설명을 해 주는 등 유형별로 접근 방식을 달리할 수 있습니다.

내 성격 유형을 알아보자!

두 개의 퀴즈로 알아보는 내 성격 유형

자, 드디어 마지막입니다.

나 아닌 다른 사람이라면 "아! 그럴 때 있더라!"라는 식으로 그 사람의 성향을 어느 정도 이해할 수 있지만, 자신을 이해하는 것은 참 어려운 일입니다. 왜냐하면 지금까지 살펴본 '성격이란 무엇인가', '행동 원리란 무엇인가' 같은 내용을 아무리 열심히 들여다보아도 본인의 상태가 얼마나 안 좋은지 자기 스스로는 객관적으로 판단할 수가 없기 때문입니다.

이런 전제가 있기는 하지만, 간단한 자가 진단 테스트를 소개하려고 합니다. 이 두 질문에 답한 다음 두 답변을 조합한 결과를 확인하면 자신의 성격에 대한 힌트를 얻을 수 있을 것입니다. 이 테스트는 고민이나 걱정거리가 있는 상태에서는 하지 마시고, 편하게 쉴 때 해 보시기 바랍니다.

어느 쪽에 해당하는지 고민이 될 때는 양쪽 패턴을 둘 다 보시기 바랍니다. 고민하는 두 성향 가운데 어느 한쪽 성향이 있다는 의미이며, 부모님의 성향이 영향을 끼쳤을 수도 있습니다. 또 스트레스를 받는 상황에서는 전혀 다른 유형처럼 행동할 수 있다는 점을 기억하시기 바랍니다.

'지금이라면 어떻게 할까?', '예전의 나였다면 어떻게 했을까?' 하고 스스로에게 질문을 던지고, 두 개의 답변을 비교해 보는 것도 힌트가 될 수 있습니다.

이 진단 테스트 결과를 확인한 후에 각각의 성격 유형을 설명한 내용을 다시 읽으면 또 다른 관점에서 자신을 이해할 수 있게 될 것입니다.

　　　　외출했다가 돌아오니 식탁에 케이크가 있다. 가족들과 함께 먹으려고 하는데, 그중에 내가 좋아하는 케이크가 하나밖에 없다. 어떻게 하겠는가?(또는 어떤 생각이 들까?)

　① '어? 이거 내가 먹고 싶었던 건데! 아싸!'
　② "다들 뭐 먹을 거야? 괜찮으면 내가 이거 먹어도 돼?"
　③ '아무거나 괜찮아.'

엄청난 실수를 저질렀다! 이때의 심정은?

Ⓐ 다음에는 그런 일이 생기지 않도록 상황을 정리한다.

Ⓑ 크게 한 건 했네! 생각은 나지만 별수 없잖아. 뭐, 괜찮겠지.

Ⓒ 자꾸만 그 일을 떠올리며 괴로워한다.

결과

- 1+A 유형 ③ '목표 달성에 가치를 두는 성취형'→92쪽

- 1+B 유형 ⑦ '새로운 모험을 즐기는 낙천형'→100쪽

- 1+C 유형 ⑧ '그야말로 리더인 리더형'→102쪽

- 2+A 유형 ① '잘하고 싶어 하는 완벽형'→88쪽

- 2+B 유형 ② '해 주고 싶어 하는 조력형'→90쪽

- 2+C 유형 ⑥ '시뮬레이션을 하는 안전형'→98쪽

- 3+A 유형 ⑤ '사실을 추구하는 탐구형'→96쪽

- 3+B 유형 ⑨ '전체의 조화를 중시하는 조화형'→104쪽

- 3+C 유형 ④ '자기 본연의 모습을 지키고 싶어 하는 독창형'→94쪽

성격 유형 진단 결과는 어떠셨습니까? '아니, 나는 이 유형일 리가 없는데!'라며 다시 해 보신 분도 있을지 모르겠습니다. 괜찮습니다. 여러 번 해도 전혀 문제가 되지 않습니다. 테스트를 준비하기는 했지만, '역시 자가 진단은 불확실하다'라는 것이 이 책의 기본 생각입니다.

혼자 이것저것 고민하면서 진단하기보다는 가족이나 친구와 이야기를 나누어 보거나 다른 사람을 관찰하며 그 과정에서 자신의 유형을 깨달아 가는 것이 더 정확할 것입니다. '나는 이 유형이 아닐까?'라고 생각했을 때 드는 마음을 힌트 삼아 자신의 행동 원리를 찾아보시기 바랍니다.

중요한 것은 다른 사람이나 자신의 성격을 특정 유형에 끼워 맞추는 것이 아닙니다. 가장 중요한 것은 분류된 성격 유형 너머에 있는 '지금의 자신'을 객관적으로 받아들이는 것입니다.

성격은 그 사람의 전부를 나타내지 않습니다. '성격'이 곧 '나 자신'이 결코 아닙니다. 말하자면 성격은 시스템으로, 우리가 일상적으로 하는 행동은 성격이라는 시스템에 맞추어 '여기를 누르면 이렇게 반응하는' 조건 반사와도 같습니다.

자라난 환경, 지금 자신의 곁에 있는 사람, 처한 환경이나 받는 스트레스, 심신의 상태에 따라 성격이 다른 형태로 나타납니다. 본바탕은 정해져 있지만, 상황에 따라 표출되는 면이 다른 것입니다. 그러므로 같은 유형의 사람이라고 모두 비슷하게 보이지는 않습니다.

다른 사람을 관찰하면서 '그럼 나는 어떤 상태인 거지?', '평소에 다른 사람을 어떻게 대했지?', '왜 그런 식으로 대했을까?'라는 질문을 던지고, 그 과정을 통해 자신에 대해 스스로 깨닫는 것이 가장 중요합니다. 그렇게 하면 '언제나 반복적으로 느끼는 감정'이나 '무심코 하게 되는 행동'이 하나둘씩 보이기 시작할 것입니다.

그러한 감정이나 행동이 주변 사람의 탓이 아니라 스스로 만들어 내는 것이라는 사실을 깨닫고 나면 인생의 새로운 무대를 경험하거나 진정한 삶의 결실을 맺을 수 있습니다.

사실 인간 관찰은 '다른 사람을 좋아하기 위한 방법'이기도 합니다. 자신의 이익을 위해 전략을 짜거나 다른 사람을 통제하기 위해, 또는 '이러니까 이 사람이 싫은 거야!'라며 거리를 두기 위해서가 아닙니다. 여러분이 이 책을 읽고 상대방이 지금 보이는 모습이 그 사람의 전부가 아니라는 점을 조금이라도 느끼신다면 좋겠습니다.

'이런 사람도 있고 저런 사람도 있는 거지'라는 감각이 생기면 '나도 지금의 나로 괜찮아'라고 느낄 수 있게 됩니다. 인간 관찰의 수준을 높이다 보면 자신을 연민하는 일이 사라지고, 주변에 공격적인 태도를 보이는 일도 없어집니다.

예전과 같은 상황에 처해도 이를 받아들이는 방식이 바뀌는 것입니다. 그렇게 방식과 태도를 바꾸어 나가면 주변 사람들도 더 가까이 다가와 줄 것입니다. 그러면 마음에 여유가 생기고 인간관계도 원만해질 뿐만 아니라 몸의 긴장까지 풀려 건강해집니다! 그리고 삶이 예전보다 자유로워지고, 바쁜 일상 속에서도 행복을 느끼는 순간이 늘어날 것입니다.

여러분의 빛나는 인간 관찰 라이프를 진심으로 응원합니다!

지금까지 읽어 주셔서 감사합니다.

옮긴이 황세정

이화여자대학교 식품영양학과를 졸업했으며, 동 대학 통역번역대학원 일본어 번역과 석사를 취득했다. 취미 삼아 시작한 일본어에 푹 빠져 번역가의 길을 선택했다. 번역서 같지 않다는 말을 최고의 칭찬으로 여기며 오늘도 자연스러운 문장을 만들기 위해 힘쓰고 있다. 현재 엔터스코리아 출판기획 및 일본어 전문 번역가로 활동 중이다. 주요 역서로는 《일이 편해지는 TO DO LIST 250》, 《뛰는 놈 나는 놈 위에 운 좋은 놈 있다》, 《시시하게 느낀 잡담이 어떻게 직장생활에 무기가 되는가》 등 다수가 있다.

인간 관찰

2021년 3월 3일 초판 1쇄 | 2021년 4월 13일 3쇄 발행

지은이 구라하시 마야코 **옮긴이** 황세정
펴낸이 김상현, 최세현 **경영고문** 박시형

책임편집 이수빈 **디자인** 정아연
마케팅 임지윤, 양근모, 권금숙, 양봉호, 이주형, 유미정
디지털콘텐츠 김명래 **경영지원** 김현우, 문경국
해외기획 우정민, 배혜림 **국내기획** 박현조
펴낸곳 (주)쌤앤파커스 **출판신고** 2006년 9월 25일 제406-2006-000210호
주소 서울시 마포구 월드컵북로 396 누리꿈스퀘어 비즈니스타워 18층
전화 02-6712-9800 **팩스** 02-6712-9810 **이메일** info@smpk.kr

ⓒ 구라하시 마야코(저작권자와 맺은 특약에 따라 검인을 생략합니다)
ISBN 979-11-6534-312-5(03180)

쌤앤파커스(Sam&Parkers)는 독자 여러분의 책에 관한 아이디어와 원고 투고를 설레는 마음으로 기다리고 있습니다. 책으로 엮기를 원하는 아이디어가 있으신 분은 이메일 book@smpk.kr로 간단한 개요와 취지, 연락처 등을 보내주세요. 머뭇거리지 말고 문을 두드리세요. 길이 열립니다.